イギリス湖水地方に暮らして

カントリー・ハウスでの日々

静子・ヒューズ

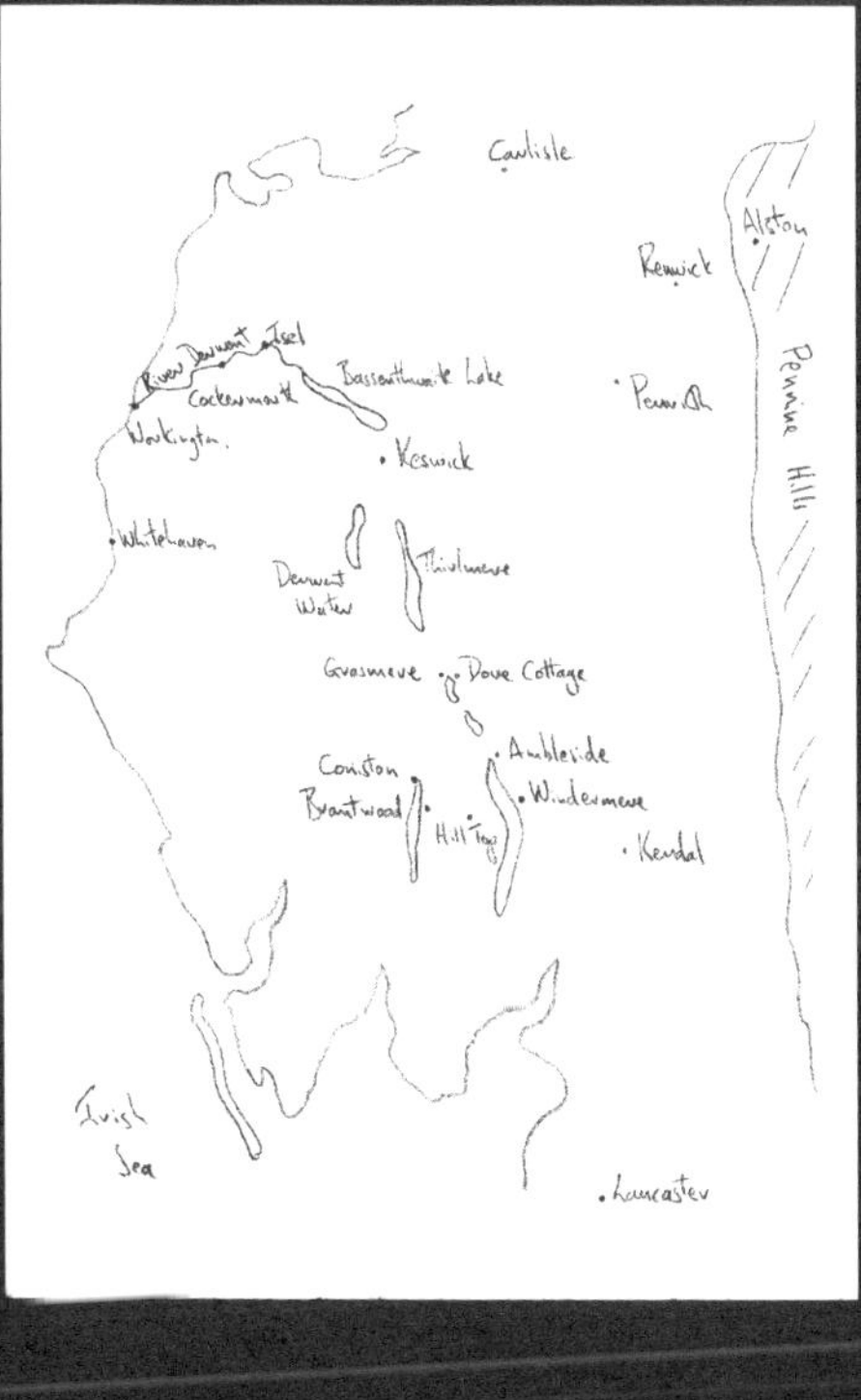

メディア総合研究所

目次

装丁――安井みさき

イギリス湖水地方に暮らして——カントリー・ハウスでの日々

1　琵琶湖のほとり

夫と私は琵琶湖の北西部にある、新旭《しんあさひ》という町に五年間住みました。地元の神主さんが大正の末か昭和のはじめに建てたといいますから、五、六十年ほどたつ、木造の立派な日本建築の家で、夫婦二人だけの生活には大きすぎるほどでした。まわりを水田に囲まれ、田の畦道《あぜみち》沿いに小川が流れて、夏になると蛍が出ました。田に影ができるからというので木は植えてありませんでしたけれど、水田をわたってくる風は夏の暑いときに特に涼しく感じられて、扇風機やクーラーのいらない暮らしでした。

家のなか、台所の奥に水場があって、石段を三段おりると、澄みきった水がこんこんと湧いていました。薬物のまったく入らない水は「おいしい水」というものを教えてくれて、水を飲む習慣のなかった私にはすばらしい発見でした。訪ねてくる友人、知人にも評判で、「瓶につめて持って帰りたい」という都会派もずいぶんいました。一年を通してここでお米をといだり、野菜を洗ったり、夏は溢《あふ》れて流れる水の音が静かに家のなかをひたして、暑さを忘れさせてくれ、冬場は村の水道が凍ってもこの湧き水はあふれて流れました。

この家に限らず、周辺一帯は比良山系の伏流水が地表に出てきて、水のきれいな、豊かな土地でした。村の人たちが小川で畑の野菜を洗ったり、洗濯をする風景がいかにものどかで、村の生活というものがロマンチックにみえるひとときでした。

家の裏側はすぐそこまで水田が迫り、少し先に家々の集落、その背後に湖北の峰が重なり、遠くには伊吹山が富士山に近い感じで、すがすがしく立っていました。織物の盛んな土地で、まわりの家では朝早くから織機《しょつき》の音がしていました。私たちの家は少し離れていましたので、耳障りではなく、今日も機織《はたおり》の音がする、というぐらいの平和な響きでした。

二世帯はらくに住めるほどの家でしたので、ふだんは階下だけ使いました。家の正面になる南側には玄関、座敷、奥座敷がならび、裏側には茶の間や小部屋が三つ、四つありました。茶の間には二階に通じる階段と、こたつ用の炉が切ってありましたけれど、両方とも普段は

新旭の家は、水田に囲まれたのどかな一角にあった

ふさいでありました。茶の間一番の主人《あるじ》は紅殻《ベンガラ》塗りの、二メートル以上も幅のある大きな食器棚で、土地柄と時代を語るその家にいかにも似合いの家具でした。簡素な、どっしりとして風格のあるこの食器棚は私たちの気に入りで、町からやってくる人たちは口をそろえてほめてくれました。

この食器棚が茶の間北側の西半分におさまると、部屋の幅はぐんと減り、その上東北の隅は鬼門だというので、魔よけの小さな神棚がちょうど頭の高さにありました。こうして食器棚と神棚の間はごくせまい空間になって、そこに窓が小さくとってあったのが、その位置からしても汽車の窓のような感じがしました。そこに椅子とテーブルをおき、向かい合ってすわると、「汽車の窓」は本格的で、窓外の風景を眺めながら食事をし、お茶をのみました。

この動かない車窓からの眺めには忘れられない、そしてもうなくなってしまって、見られないかもしれないような情景がいくつかあります。

水田のむこうの道を、毎朝、子供たちが通学して行きました。ランドセルを背負って、小さい方から大きい方に、背丈の順に並んだ子供たちは、赤、白、黄色の小さな点の列でした。それが朝食のテーブルについた私たちには蟻の行列のようにみえたのです。今日も蟻さんたちが学校に行く、いい眺めね……と。

裏の家のお爺さんが田や畑で一人農作業をする光景も、村の日常のひとこまでした。家族で食べる分を手作りしていたのでしょう。稲刈りがすんだ後、稲を束にして組み上げた稲架《はさ》に干す、それが秋の陽ざしのなかで輝いていたときのあの色。そして脱穀、それがおわって籾殻《もみがら》を燃やす煙が地を這い、たなびくときの色と匂い。あるいは土を掘り起こして、肥やしをまく光景はその色まで忠実に見えて、私たちは笑いながら、「これだけ離れていてよかったわね。きっとおいしい野菜やお米ができるんでしょうね」などと言ったものです。

お米といえば一度、地元のある方から自家製のお米をいただいたことがありました。色、艶、味の三拍子そろった、めったに出会えないようなすばらしいお米でした。湯気をあげ、懐かしい匂いをさせて、輝いている炊きたてのご飯。そのまじりけのない、きれいな味を味わうと、「おかずがいらない」という言葉が実感できました。お米と日本人との関係がちらりとわかるような気がしたものです。

あのお米もこういうふうにしてできたのかしら、と肥やし撒《ま》きを見ながら思いました。お爺さんが元気で、毎日のように田畑の仕事をする光景は、その家の健康と幸福の象徴のように思われて、私たちまでお裾分けにあずかっているような気分でした。
もう一つ忘れられないのは曼珠沙華《まんじゅしゃげ》です。夏の終わりごろから秋のはじめにかけて、お彼岸のころに咲くから彼岸花という、毒々しいほど真っ赤な花。これが畦道に咲きだすころには稲も実って、田の黄金色《こがね》と鮮やかなコントラストをみせます。その激烈な赤は、こわいほど強い色で、外にそりかえった細い花弁は長い蘂《しべ》とともに軽やかなあじわいを添えていて、見ているこちらはその見事な対照に引き込まれて目を離せなくなる、不思議な力のある花でした。

ごんしゃん　ごんしゃん　どこへゆく
赤いお墓の　ひがんばな
きょうも手折《たお》りに　来たわいな

こわい印象をもつようになったのは、北原白秋の詩に山田耕筰《こうさく》が曲をつけた「曼珠沙華《ひがんばな》」という歌のせいかもしれません。その曼珠沙華がこの時期に、毎年必ず畦道いっぱいに咲きました。この家屋敷を管理する家主さんの親戚の人が来て、さっさと刈ってしまう前のほんの短い間、私たちはこの花に魅せられたのです。

私たちが住んだ一劃《いっかく》は、遠くに山、近くは田、木造の家には土蔵と納屋がつき、堂々としていて、白壁のくすみ具合から垣根越しにみえる植木にいたるまで、日本の田園の原風景のようなところでした。なかでいちばん美しいのが田植えの直後、水を張った田に早苗が青々としているときでした。そしてそこに空や雲でも映ろうものなら、家の中にいてさえまるで水上に住んでいるようで、私の遠い祖先はきっとアジアのどこかで水上の家で暮らしていた人たちに違いない、などと空想にふけったものでした。

一年中どんな時にもすばらしいこの家は、家探しをしていたとき、知人がみつけてくれたものです。夫エドワード・ヒューズは日本政府の奨学生として来日、大阪外国語大学で日本語を半年、京都市立芸術大学の陶磁器科で一年半勉強しました。留学の仕上げに大阪で初の個展をしたところ、思いがけない反響があって、夫は留学を了《お》えた後も日本に残って、陶芸家として仕事をはじめる決心をしたのです。それから私たちの家探しがはじまったのですけれど、夫はイギリス人、私は東京育ち、京都で結婚生活をはじめる、という具合で、関西の事情に疎《うと》く、伝《つて》もあまりない中での家探しでした。

窯が焚ける所でなければならないという、普通の人にはない、むずかしい条件がありました。けれども、そのむずかしさの度合いが、家探しをはじめたときの私にはわかっていません。やきものを作るのに設備や場所が必要なのは知っていても、どのぐらいの広さと、どういう窯が必要なのか、話ぐらいでは想像できませんでしたし、もちろん家探しを手伝ってくださる方にもわからないことでした。

市のゴミ捨て場だった近くに土地がある、そこに小屋を建てたらいい、というので出かけてみたり、ガレージに窯を作れる場所があるからというので、新興住宅地へ見に行ったりもしました。けれどみたしてくれる所がなく、夫はずいぶんがっかりしていました。そして、最後に残った候補が「とんでもなく遠い、ものすごーく不便な滋賀の田舎にある家」だったのです。

京都から車で案内されたのですけれど、たしかに長いドライブでした。「着きましたよ」

と言われて、小川にかかる橋の前で車を下りると、水田を横切って二、三十メートルほどの通路が延びています。その先に常緑樹の生垣、さらに柿や栗の木が立って、一番奥に大きな構えの家が見えました。

家主は東京のほうにお住まいだとかで、管理をしている親戚の方々が案内してくれました。家相というのでしょうか、外から見た印象は良い家でした。梅雨のはしりを思わせる小雨模様の蒸し暑い日だったせいか、家の中は薄暗く、じめじめしています。空き家というせいもあったのか、陰気くさくて私はちょっと困惑しました。

一方、この家を一目見たときから夫は乗り気で、案内されている間も、積極的にいろいろと訊《き》いています。「家の構造がしっかりしているから、余分な物を取り去って、大々的に掃除をすれば良い住まいになる。これだ、ここにしよう」とすぐにも決めたそうです。農機具置き場になっている隣の別棟を工房にしていい、畑になっている所に窯を築いてもよろしい、と話はとんとん拍子ではかどり、この家を借りて住むことになりました。

薄暗い、陰気くさい家への引っ越しに私は後込《しりご》みしました。まずお手洗いの改修が必要で、それができるまではとても住めない、と言って私は京都に残り、夫はそんなことには頓着しないで、一人で片づけをしに滋賀に通いはじめました。手洗所の改修がすむとすぐ、引っ越しです。

暑い京都の夏から涼しい琵琶湖のほとりに。家また家が連なる通りの狭いアパートから、水田に囲まれた、広々とした家へ——。晴れた日だったことのほか、いろいろな物を取り外して片づいた家の中は見違えるほどすっきりとして、あかるく、はじめて見た日の印象はあれは何かの間違いだったのか、と思うほどでした。広やかな家のなかで時が静かに過ぎ、お掃除さえゆき届いていれば十分という、気持ちのよい住まいに引っ越したのです。

変身した家を見て近所の人たちが、私たちの手入れや住まい方をほめてくれたり、それを聞いて別の村人たちが様子を見に来たりして、半ばうれしく、半ばとまどいました。

引っ越しの後始末がおわって毎日が落ち着いてくると、夫は工房づくり、築窯、作陶をはじめ、私も神戸の女子大で週に二日、英語を教える生活に入りました。半年後の二月のある寒い日、初窯を焚きました。雪が降って、風が強く、ときどき吹雪《ふぶ》いたりしましたけれど、結婚祝いに初窯の作品を贈りたい人がいて、予定通りに焚いたのです。

冬になると村には「火の用心」の当番があって、村の中をまわるのですけれど、この日の初窯焚きは村にとっても、「火の用心」当番にとっても、はじめての経験です。当番の二人はしばらく小川のむこうに立ったまま、窯から出る煙を見ながら何か言い交わしている風でしたが、やがて窯に向かって拍子木を高くかかげ、打ち方を早めて、一段と音高く、かちかち、カチカチと鳴らして歩み去りました。

夫も私も新しい家や環境にすぐとけこめました。それぞれの仕事をしながら、染織や木工など、物作りの新しい友人たちにも恵まれて、湖西の環境が大好きになりました。窯も徐々に落ち着き、夫のやきもの作りも活動の場を広げてゆきました。関西を中心に共同展に参加したり、個展を開いたりするうちに、少しずつお客さまができ、クラフト店が定期的に買ってくれるようにもなりました。

こうしてこの土地に、家に愛着がわいて、永住の夢までみるようになったころ、思いがけない事態がおきたのです。

借家の契約期間は二年間、それを一度更新し、四年たって二度目の更新のとき、管理の親類の人にこう告げられました。

「こんど親戚の若いもんが嫁さんをもらうことになりましたんや。家がまだないもんで、この家に住まわせることにしましたさかい、すんませんけど、あと一年で出て行っていただかんならんことになりましてな。はあ、新婚夫婦が入ることになりましたさかいに。すまんことどす。」

借家住まいの宿命だと自分に言い聞かせても、残念でなりません。買い取れるものなら、と一度は希望したほど気に入った家だったのですから。もっとも買い取りの交渉は「家主が定年になったら帰ってきて住むことになってますさかいに」と、断られていたのですけれど。

またもや家探しです。湖西かその周辺に住みたいという希望でしたから、まず湖西を、それから範囲をひろげて、京都北部にかけての一帯を探しました。ところが、貸してもいいという所は住めそうもない状態だったり、こちらが気に入ったところは貸せないとか、売ったりしたらご先祖に顔向けできなくなる、などと言われて、折り合いがつきません。

懐具合の問題はもちろんありましたけれど、イギリス人と日本人という組み合わせのせいかしら、などと勘ぐったこともありました。それでも、日本人と結婚し、関西に家をみつけて住む欧米の陶芸家、アーチストは何人かいましたから、私たちだけがみつからないような気がして、縁がないということなのね、などと言っていました。

住んでいる家は出なければならない、かわりの家はみつからないという状況のなかで、私たちが不安になっていったとしてもやむをえません。そういうときに、ちょっと大げさかもしれませんけれど、運命的な、と言いたい出来事がおきました。


一九七〇年の万博開催を記念して大阪府吹田《すいた》市に万博公園ができ、その一劃に日本民藝館が建ちました。ひさしぶりに民藝館の展示を見ようと出かけてみると、偶然、スリップウェア展が催されていました。一九八三年の夏のことだったと思います。

スリップウェアはふつう低火度化粧陶器とよばれていて、成形した生地に、スリップを使って表面を装飾し、千度ぐらいまでの低温度で焼き上げた土器のことです。スリップは粘土を水で薄めて、ヨーグルトか生クリームぐらいの濃度にした泥漿《でいしょう》です。日本では柳宗悦《むねよし》たちによる民芸運動とのかかわりあいから、イギリスのスリップウェアがよく知られていますけれど、やきものの基本的な装飾法として古代から世界中で使われてきた技法です。

日本でイギリスのスリップウェアが知られるようになったのはチャールズ・ローマックス

の著書『クェイント・オールド・イングリッシュ・ポタリ』（風雅なる英国古陶器）を通してのことで、これの実物を初めて日本に持ち込んだのは浜田庄司のようです。

このときの民藝館の展示は、産業革命以前の十七、八世紀イギリスのスリップウェアのほかに、その伝統をくむ二十世紀のイギリスの陶芸家、マイケル・カーデューの作品、さらにバーナード・リーチや日本の陶芸家のスリップウェアもありました。

実はスリップウェアは、熱心な先生の感化で中学時代からやきものを作るようになった夫が、一番早くから親しんだやきものです。その後ルーシー・リー、ハンス・コウパーといった二十世紀半ばのイギリスの陶芸家の作品に熱をあげたり、リーチ、浜田庄司、富本憲吉などにも傾倒しましたけれど、一番早くから影響があったのは古いイギリスのスリップウェア、そしてマイケル・カーデューのスリップウェアでした。それを数年ぶりに、祖国から離れたところで見たのですから、その衝撃は大変です。

「何年ぶりだろう、久しぶりに見るけど、本当にすばらしい。これほどとは思わなかった。これがイギリスで生まれたなんて！　ぼくのルーツはこれなんだ。」

自分の陶芸の出自を認知し、認識した感動がまっすぐに「自分もこんなやきものを作りた

スリップウェアを制作するエドワード・ヒューズ

い、これを生んだ自分の郷《くに》に帰らなければ」という思いにつながってしまいました。ちょうどアーサー・ヘイリーの著書にはじまった、「ルーツ」という語が何かにつけて登場し、誰もが自分のルーツを求めている時でした。

民藝館の方とおもしろいやりとりをしたことも一つの機縁になったと思います。展示品のなかに、洗面器がわりの大きな鉢と水差しが対になったスリップウェアがありました。水道が一般の生活に普及する以前にイギリスで使われたものです。展示説明には「マイケル・カーデュー作、十八世紀」と書いてありました。夫が「もしマイケル・カーデューの作だったら、一九〇一年生まれですから二十世紀の作品ですし、十八世紀の物ならマイケル・カーデューの作品であるはずはないんですけれども」と指摘しました。すると大変感謝されて、「間もなく展示が終わります。よろしかったら、そのときにゆっくり見にいらっしゃいませんか。片づけで展示物をケースから取り出しますから、じかに扱っていただくこともできますし」という、またとないお招きをいただいたのです。

お招きに応じて万博公園の日本民藝館を再訪し、展示品を手に取ってつぶさに見たり（鉢と水差しの一対はマイケル・カーデューの作と確認できました）、写真を撮ったりしながら館の方と話をするうちに、こういうやきものを生んだイギリスに帰りたい、自分のルーツに戻って、やきもの作りの第一歩から取り組まなければならない、という夫の気持ちはますます強くなりました。

自分の思いに夢中で、「あなたはどう思う？　どうしたい？」と妻に訊く余裕もありません。この様子では反対したら逆効果になるだけ、黙って様子をみるしかない、帰国の時期を遅らせるぐらいの説得しかできないな、と妻のほうは思いました。

かわりの家は一向にみつからず、命の次に大事というより、やきものを作るために生きているような人の、「スリップウェアのために自分の国へ帰りたい」という強い気持ちに反対する理由も出来事もおきないまま、その年は暮れました。

明けて二月、夫の両親から手紙がきました。中に小さな新聞広告の切抜きが入っていて、イギリスのある私立学校で陶芸の教師を募集している、とありました。これを見てからというもの、帰国にむかった夫の気持ちは不動の決心になってしまったのです。

イギリスの芸大時代の先生に相談すると、否定的な答がかえってきました。

「イギリスでやきものを作って暮らすのは非常にむずかしい。自分も仲間も苦労している、そのまま日本でつづけるべきだ。今はまだ帰って来ないほうがいい。」

恩師の親身な助言が耳に入らないぐらいですから、ましてや妻の「せっかく芽が出かかったところですもの、みなさんに忘れられなくなるぐらいまで、もう少しこのまま日本でつづけたらどう?」などという賢《さか》しらな言葉は無駄でした。熱にうなされたように、「イギリスに帰る。イングランドに帰らなければ、と心のなかで何かが叫んでいる」とくりかえすばかりです。


説得に望みをかけながら様子を見るとはいっても、仕事の都合もあっていつまでも放っておくわけにもゆきません。ある日、ここは夫の希望通りにするしかない、と観念しました。大学卒業後、勉強のしなおしに私がイギリスに行ったときは、父母が精神的にも経済的にも支え、援助してくれました。昔の自分のことを思えば、夫の気持ちは痛いほどわかります。それに当時の私よりも思いつめた風の夫の希望に添うことは、両親が私に示してくれた理解と愛情を、自分だけのものにしておかないで、外に広げることにもなりそうな気がしました。

その上、教える仕事、学生とのやりとりはおもしろくても、どうしても、と執着するほどではなく、非常勤の身分には特別の束縛もありません。「留学生のときはお客様だった。もう一度イギリスに戻って、今度は生活者の立場からイギリスを見てみるのも、おもしろそう。生活者としてイギリスで暮らすのはなかなか難しそうだったけれど、実際はどうなのか、見てみたい。日本だの、イギリスだのって言っても、結局は人間の住むところですもの、そんなに違わないかもしれない。暮らせるんじゃないかと思う。」そんな気持ちで私は再度の渡英の日を迎えました。

そのときはそんなつもりはなかったのですけれど、今考えると、自信過剰だったな、と思います。それにイギリスに帰ってしまって、それっきり、というのではなく、将来は日本とイギリスを往き来するのが私たちの希望でしたので、その土台作りをしよう、というつもりもありました。湖西の風物がほんとうに好きになっていましたし、イギリスでいちおうの基礎ができたらまた湖西にもどって、日本での暮らしの拠点にしたい、そう考えていました。それで窯の周辺だけは借りたままにしてもらえるように頼み、土や釉薬《うわぐすり》の原料、轆轤《ろくろ》や道具類などを窯につめて、それに囲いをしました。

「エドワードさん、それはいいことだと思いますよ。自分の郷《くに》に帰るのが本当だと思う。日本には何年住んだの？　七年？　時間的にもちょうどいいんじゃないかな。これ以上日本にいると自分がイギリス人だか、日本人だか、わからなくなるかもしれないでしょ。あなたのやきものも日本的になりすぎるかもしれないし……」

イギリスに帰ることに決まって、友人たちにその話をしはじめると、こう言って賛成してくれる方が多く、本人は正しい選択をした、と自信を持ったようでした。ただ私には、「君は残るんだろ。ええっ、君もいっしょに行くのか」と呆れた方がありましたし、「せっかくここまでなったのに、エドワードさん、残念ねぇ。今帰ってしまったら日本の人には忘れられてしまいますよ。イギリスで第一歩からやり直す？　大変じゃないの。苦労するんじゃない？」といった反対の声もありました。

なかでも私の母には衝撃だったようです。

「どうしておまえはそう遠くにばかり行ってしまうの？」

留学から帰ってきて、やれやれこれで落ち着く、と思ったら家族の反対を押し切って結婚し、関西へ移ったあげくに、今度はまた海を渡ってイギリスへ。父亡き後の母を悲しませて、取り返しのつかないことをしてしまいました。

離日前、自宅で最後の個展をしました。自宅で個展をしたのは初めてでしたけれど、食器をはじめ、花器や陶筥《とうばこ》など、身近な暮らしの器は居間、客間、茶の間などにぴったりとおさまって、いかにもよく似合いました。しばらくお別れになるというので、関西周辺ばかりでなく、東京など遠方からも大勢の方々が来てくださって、思いがけなくにぎわいました。門出を祝福された感じがして大変うれしく、思い出深い個展となりました。

機内持ち込みの手荷物を最後に荷造りして、後の始末をしてくれる親しい友人たちに鍵を渡すころには、時間ぎりぎりになっていて、やっと予定の湖西線に乗ることができました。

「いつまた琵琶湖が見られるかわからない。しっかり見ておきましょうか。」

感傷的になりかかったときに、湖の上に完全な虹が二重にかかったのが見えました。

2　レニック村

私たちは一九八四年七月最後の日、イギリスに戻りました。

チャールズ皇太子とダイアナ妃の結婚式があった八一年の夏休みに一度帰ったきりでしたから、夫にとっては七年余りの滞日で、家族とは久しぶりの再会です。そろって夏休みをする家族に合流して、大所帯でフランスに出かけました。

ところが、フランスの内陸部といったら、日本以上に暑いのです。日本の猛暑を逃れて、涼しいイギリスにたどり着いた思いだった私たちは、たちまち暑さ負けしてしまいました。バカンスどころではなくなって、早くイギリスに帰りたい……の一心でした。ですから帰途はもどかしく、最後にドーバー海峡を渡っているときなど、じっとしていられなくて、海の上を走ってでも、一刻も早く帰りたい気持ちでした。イギリスに着いたことがあのときほどうれしかったことはなく、私たちの喜びように家族はおどろいて、顔を見合わせていました。

夏休みがすむと家探しです。夫の両親のところで厄介になりながらのことになりましたけれど、田舎暮らしは車がないと動きがとれませんから、まず車探しから始めました。高校時代から運転している夫にくらべて、私は前回イギリスをひきあげる寸前のロンドンで大慌てで免許を取っただけ、しかも日本では運転していませんでした。その上、オートマチック車限定の免許証です。

当時のイギリス、とくにカンブリアのような田舎には、中古のオートマチック車の売り物など一、二台しかなく、値段も高いのですぐ諦めました。家がみつかって落ち着いてから私が運転を習いなおすことにして、ひとまずボルボのマニュアル車を買いました。三年もたった中古車なのに三千ポンド、当時の換算で百万円強という値段にショックをうけました。新旭では十万円の中古車に五年も乗っていた私たちには、日英の事情は違いすぎたのです。

あれから十六年、「イギリスではヨーロッパ大陸にくらべて何もかもがどうしてこんなに高価なのか」という疑問、苦情、批判にこたえて——また、わざわざ大陸まで車を買いに出かける人も多くなって——二〇〇〇年にようやく新車の値段が下がりました。

借家住まいという、生活の根本が不安定な体験をくりかえさないために、イギリスでは家を買うことにしました。どこに？

夫はランカスターで育ち、少年時代から湖水地方に親しんでいたせいで、「湖水地方に住みたい」という希望でした。それで手始めに湖水地方で探しましたけれど、国立公園になっているせいか、高価で私たちの手には負えません。じゃあその周辺で、となりましたが、それでさえ、湖水地方にこだわっていては、とても私たちに合う売り物はありません。結局、カンブリアからヨークシャーにかけての一帯、五千キロ近くを駆け回りました。『「母をたずねて三千里』じゃなくて、私たちは家を求めて五千キロね」などと言いながら。

住まいのほかに工房用のスペースがあること、窯が焚けることが条件です。町の不動産屋に並ぶ広告をのぞいた後、中に入って条件に合う物件があるかどうかを訊き、あれば鍵を渡されて、現地に見にゆきました。現在は不動産屋の係員が側につきっきりで説明してくれますけれど、当時は鍵を渡されて、自由にどうぞ、という風でした。

手がつけられないほど巨大な納屋や家畜小屋が山奥にあったり、牧草地にかこまれた農場らしい建物群があったり、見事な景色にかこまれた崖のふちにかろうじてしがみついている家があったり……さまざまな「物件」を見ました。

二人とも人里離れた一軒家には住んだことがありませんでしたから、窯焚きの関係で町なかには住めないとしても、せめて村に、人の顔がみえる所に住みたい、と思っていました。工房のスペースが必要という条件のせいか、紹介される物件は「家」というイメジからかけ離れたものが多かったのです。集落から少し離れた所にこぢんまりした感じの良い一軒家を見たりすると、心が動きました。でもそういう家らしい家の物置はとても工房にはできなくて、あきらめなければならないのでした。

最後にぶつかったのがレニック村の家です。永年一人住まいの老女が亡くなった後、四人家族が買い取り、四、五年前に大幅に手を入れて、近代化されていました。広さも、私たち二人にはたっぷり余裕があります。

十八世紀半ばの建物である、オクスフォード大学の所有だった、村のパブだった、などということの家の来歴を記した書類が、家とともに持ち主から持ち主に受け継がれました。書類は時代が下ると普通の紙になりましたけれど、最初の二、三枚は羊皮紙で、貴重な史料になりそうです。後にこの家を手放すことになった時、住んだ記念に一枚ぐらい額に入れて飾りたいと思ったのですけれど、「そんなこと、許されない」と夫に反対されて、残念ながら実現しませんでした。

工房にする別棟が小さいのは欠点でしたけれど、都合良く二部屋にわかれて、一方は何に使ったものか、ここに窯を築くように、と言わんばかりに煙突までそなえつけてありました。もっとも煙突は高すぎて、実際には窯焚きの足を引っ張る始末の悪い問題とわかり、後で苦労しましたけれど……。

「いつまでも家探しをしているわけにはいかないわね。持ち主が売りたがっているんですもの、あまり待たされずにすむんじゃない？」

「そう、理想の家に出会うなんて、まず考えられないしな。」

こうして五千キロの家探しの旅は終わりました。イギリスに戻ってから半年少々、八五年二月にこの新しい家に引っ越し、さらに半年後に工房の準備ができ、夫は制作にかかりました。

レニック村はカンブリア州北東の一隅に位置しています。カンブリアはイングランド最北端の西側を占める州で、隣はもうスコットランド。東側のノーサンバランド州との間には「イングランドの背骨」、ペナイン山脈が南北に走っています。この「背骨」のおかげで、イングランド北部の東西は、日本の太平洋側と日本海側ほどに違う気候風土になっているのです。この山脈の頭部にあたる中腹に、いくつかの村が点々とならび、その一つがレニック村というわけなのでした。

頂上からゆったりと下る斜面は、やがて裾野で広大な平野となり、エデンの谷間とよばれて、肥沃な牧場や穀物畑となっています。ゆるやかに波打ちながら広がるこの大地は、日本の峡谷を見慣れた目には物珍しく、この美しさゆえのその名、と思わせました。

豊かな緑は、谷間の底を流れるエデン川や渓流沿いの自然木の緑、点在する植林地の濃い常緑、穀物畑や野の草花のやわらかな緑と、種類も濃淡もさまざまで、四月から十月までの数カ月は移りゆく色の変化を堪能できました。そして冬でも緑を失わない牧草。遠くに目をやれば湖水地方の峰々がくっきりと青く、時にはかすんで見え、空が澄んでいればそのさらに先の、ソルウェイ湾からスコットランドの峰々まで見渡せます。この景色があればこそ、ペンリスにはじまり、ハートサイド、オルストンを通る国道は昨年二〇〇一年、イギリス一のすばらしい景観を誇る自動車道に指定されたのです。

レニックはこういう雄大な自然のただなかにある小さな村落。四十戸ほどの家がほどよい木立に囲まれて、窪地に肩を寄せ合っています。すばらしくまとまった小さな共同体、という印象でした。村の東側にはペナイン山脈につながる丘や小さな山が控え、南北と西側の三方で隣村とつながっていますけれど、一キロ、五キロと離れた村をつなぐ公共の交通機関はありません。車がないと暮らせない所でした。

レニックに住むようになって間もなく、「ヘルム・ウィンド」というとんでもない強風の話をききました。西海岸から湖水地方を通って吹いてくる暖かい西風と、北海から吹きこむ冷たい東風がペナイン山脈でぶつかり、とぐろをまいて、エデンの谷間の上のほうで吹き荒れる、というのです。この烈風が何日もつづくと草木を枯らせてしまうそうで、作物が何もできない年もあるということでした。ブリタニカ百科事典にも登場するこのめずらしい、有名な風の話は興味をそそり、特別強い風が吹いたとき、「これがそうかしら」と言って、卵を買いに行く農家で訊ねました。

「いいや、こんなものじゃない。これはただの風ですよ。私が経験した最後の本格的なヘルム・ウィンドは一九七四年だったけど、あの時はすさまじかった。何もかも風に巻き上げられてしまうんだ。あちこちに吹き溜まりができてね……あの年は作物が何もできなかった。」

風景が大きいので、この烈風の圏外、エデンの谷間の下のほうに立つと、どのあたりがこのヘルム・ウィンドに翻弄されているかが見える、とも言われました。この風が吹くときには、ハートサイドの上空にはきまって一種あやしい黒々とした雲がむくむくとわき立ち、急降下して、ちょうど煮えたぎるお湯のように見える、一方で、圏外にある西側の町ペンリスや湖水地方の空は対照的にあかるい、というのです。

圏内と圏外では戦争と平和ほどの違いがあるこの猛烈な強風が吹くと、村の人たちは家の中に閉じこもります。家を揺すり、窓を鳴らしながら村の一本道を駆け抜けるこの風の姿、形が目に見えるかのように窓辺からじっと外をうかがいながら。風は建物のありとあらゆる隙間からぶきみな音をたてて入りこみ、口の中や髪までざらざらにしてしまいます。ヘルム・ウィンドが吹き荒れる間は、身をひそめて通り過ぎるのをじっと待つしかありません。過ぎ去ったあとは、平和がもどってきたことに感謝して、家の中のありとあらゆる表面に残った土埃をおとなしく拭き取る作業にかかるのです。

エデンの谷間の美しい景色を初めて見たときは感激しました。村の背後から頂上のハートサイドにかけては木がまばらで、荒涼としているのですけれど、それが景色をいっそう雄大にしていました。

レニック村は海抜二百五十メートルぐらいの高地にありますから、冬は大変寒く、毎年、雪が降りました。一九八五年から八六年にかけての冬はことに大雪で、深いところでは膝まで埋まるほど積もり、道は凍って何日か車を動かせず、村が孤立してしまいました。レニックにいた五年近くの間で一番の大雪だったほかに、大変な冒険が重なって、私には忘れられない冬になりました。

そのころ夫は初めての窯焚きを目前にして、使いなれないイギリスの土や釉薬の原料、燃料の石油などがどう反応しあうかを心配していました。

「近く窯を焚くから、何点かもってきて釉薬を試験してみたらいいよ。少しは参考になるかもしれないから。」

隣のカウンティ・ダラム州で窯をもっている友人の親切は願ってもないものでした。彼の窯焚きの前日にもって行くことになりましたけれど、予定していたその日、夫は釉薬がけで忙しく、仕事場を離れられなくなりました。釉薬がけ、窯焚きはやきもの作りの最後の段階です。作業に遅れが出てくると、この段階にしわ寄せがきて、予定したことができなくなることが時々あります。釉薬の試験をしてもらうなら、私が一人で行かなければなりません。ちょうどいい具合に私は数日前に免許をとったところで――まだ一人で運転してはいませんでしたけれど――その気になればできないことではなさそうです。

「私一人で行ってみる！」

レニックからカウンティ・ダラムまではおよそ百キロ。田舎住まいの身には大した距離ではありません。ただ、走る道は小さな村が何カ所かにあるだけの田舎も田舎の大田舎、大体は荒野のなかを細い、曲がりくねった坂道が通っているだけです。夫の運転でも二時間はかかりました。さらに難所が所々にあって、免許とりたてが一人で走れるか心配でしたけれど、

レニック村の家の内部

大事なおつかいですから怯《ひる》んでなどいられません。

「困りました、雪が降っている……」

緊張し、多少は興奮して迎えたその日、私はこう言う夫の声で起こされました。朝食をしているうちに大きな牡丹雪に変わってしまいました。これはいけない、積もりそうです。友人に電話すると、

「こっちはちらちらしているだけだ。窯焚きは予定通りにするよ。」

空を見、友だちの言ったこと、試験の大切さを話し合いました。大雪の予報は出ていても、どのぐらいの雪になるかわからない、大したことにはならないかもしれないのです。

「大丈夫じゃないかしら。行けると思うわ。」

一人きりで運転するのは初めてですし、道路の状態や天気のなりゆきなど、気にならなかったわけではありません。けれども雪が好きで、雪が降るとじっとしていられなくなる子供のころからの妙な性癖がこのときまた頭をもたげて、外に出ずにはいられなくなった、ということもあったと思います。初めて運転することになったその日に雪が降るなんて、こういうめぐりあわせは二度とはない、少しぐらい難しくても少々のことでは逃せない、と興奮し

てしまったのです。

ですから運転は当然未熟です。村を出て間もなく、先述の美観道路に指定された国道に出るのですけれど、接続するところが急斜面のカーブになっていて、どうしたらあれが曲がれるかと心配しました。ハラハラしながら接近したものの、立ち往生もせず 気に国道にのったときは、内心鼻高々でした。ペナイン山脈の丘陵がつづら折りになっている道を登りはじめ、ときどきスリップしましたけれど、道幅が広いのと、雪のせいで車が通らず、前後左右を全部独占できたのは幸運でした。

頂上のハートサイドは夏の晴れた日にはすばらしい風景が広がるところです。けれどこの日は眺望どころか、少し前しか見えないうえに、フロントガラスに恐ろしい勢いで雪が襲いかかってきます。どんなに見まいとしても、めまいがしてきました。

「ハートサイドまでもう少し、スリップしたら最後、下まで転落ですからね、気をつけて」などと自分を励ましながらそろそろ走っていると、道の向こう側に三、四台、車が停まっているのが見えました。この雪で事故かな……と思っていると、一台から人が出てきてこちらに歩いてきます。

「おはようございます。だいぶ降っていますが、大丈夫ですか。」

「おはようございます。ええ、何とか……」

「どちらへ?」

「カウンティ・ダラムのウィアヘッドまで行きます。」

「これからもっとひどく降って、積もるという予報なんですよ。できたら今日はおやめになったほうがいいと思うんですがね。」

「ええ、でも、どうしても行かなければならない用事がありまして……」

「じゃあ、特別気をつけて行っていらっしゃい。」

「ありがとうございます……」

帰宅してから夫に聞いた話では、私が家を出て間もなく、その道は通行止めになったそうです。あそこを通ったのは私が最後だったかもしれません。

「気をつけて」と言われた通り、雪の積もっている所はセカンド・ギアの、のろのろ運転でした。道程の大部分には雪が積もっていましたから、往復二百キロの大半をセカンド・ギアで走ったことになります。無事は無事でしたけれど、時間はいつもの倍以上かかって、一日がかりの初運転になりました。友人の村に入ってようやく四、五台の車とすれ違っただけで、文字通りの独り旅でした。

寒々とした単色の景色のなかをただ一人で走りながらも、少しも怖いとか、淋しいとか思わなかったのは好きな雪景色のせいだったのでしょう。朝、停められたところを夕方通りかかると、人の影がなかったのはもちろんのこと、車も消えていました。視界を遮るものはなく、人のいない、しんとした風景のなかを走るのは爽快で、解放感がありました。道路を独り占めして走ることなど二度とないでしょう。雪の降る、曲がりくねった初めての道を一人で無事に運転できた、大事な役目もはたしたし、と家に辿り着いたときは高揚した気持ちにみたされていました。何から何まで順調な、すばらしい一日になったのです。

レニックは人口百人ちょっとの小さな村です。私たちが引っ越したときには、教会、小学校、郵便局がかろうじてありましたけれど、少し前まで一軒あったという「何でも屋」はすでに店を閉じていました。この村の人口では一軒の店さえ支えきれなかったのでしょうか。二、三さまざまな食料品や多少の雑貨を積んだ小型トラックが週に二度まわってきました。

十分も車に乗れば、何十もの店やスーパーマーケットが軒を列ねるペンリス町ですから、普通の人には町で買い物するほうが便利だったはずです。私も村の人たちに見習おうとして、販売車で買い物をしましたけれど、鮮度も品数も町とは比較にならず、一度で十分でした。

全校生徒が六、七人という小学校は、私たちが引っ越してから一、二年で廃校になってしまいました。メソジスト派の創始者、ジョン・ウェズリーが十八世紀にイギリス全土を行脚《あんぎゃ》して伝道したときには、この地域一帯にも来たという話を、村の人たちは二百年もたったそのころでもしていました。けれども教会は、私たちが移り住んだころには、村の公共閲覧室《リーディング・ルーム》になっていました。十坪ほどの小さな建物です。図書館ではないので、本は置いてありませんでしたけれど、新聞が二、三種類おいてあって、村人が自由に閲覧できるようになっていました。昔、村人たちが個々に新聞などを買えなかったころ、リーディング・ルームに行くと無料で、自由に新聞や雑誌が読めるようになっていた、その名残りということでした。新聞は毎朝郵便ポストに入っているもの、と思いこんでいた私は、新聞を分かち合う、公共の場に出向いて新聞を読むということをおもしろいと思いました。建物は村の人たちが会合を開いたり、クラフトの講習会や健康教室などをするのにもよく使われていました。

村の戸数は四十軒ほど。うち三軒が酪農農家、村の男たち数人を雇っている土建屋さんが一軒（村では大口の雇用者です）、その他はペンリスやカーライルという町や市に通勤する人たち、定年退職後の年金暮らしをしているお年寄りたち、古書修復家と木版画家のクラフト・カップルなどでした。お隣のウォーキントンさんのご主人、ジャックは「地元の人が半分、町へ出る人半分で、この村の人口分布はいいよ、理想的だ」と言っていました。

地元の人間に入るのか、町の人に入るのか、あるとき自給自足農業をしているというカップルに招かれて、住まいになっている十七世紀の由緒ありげな建物や、庭、野菜畑を案内されたことがありました。住まいにも住まい方にも自給自足という生活のスタイルがはっきりしていて、レニックのような村には似合っていました。

たくさんの家鴨《あひる》が一団となって庭を歩きまわり、「これ、私たちの手作りなの！」と二人ご自慢の池で水浴びしている光景も物珍しく、自給自足という生活がすばらしく見えたそのとき、二人とも学校の先生だと聞かされて、肩すかしにあった感じがしました。給与所得者という安全なところで趣味の自給自足をするのが当時は流行していましたから、「なぁーんだ、ファッションだったの……」とがっかりしてしまったのです。

　地元組の顔ぶれは三軒の酪農農家、土建屋さん、この二カ所で働く人々、そしてクラフトのカップルです。三軒の農家が使っている土地や建物、そこで働く家族、親戚の住まいを入れると、村全体の面積の半分近くを占めているようでした。

　一九八〇年代半ばはマーガレット・サッチャー首相の保守党内閣時代でした。当時のイギリス東北部は失業率が約二十パーセントと高く、地域全体に生気がなく、それが村の雰囲気にも反映していました。

　レニック村の住人は、何世代もこの村に住みつづけている「地元組」と、定年退職や何らかの理由で田舎住まいを希望して移ってきた人たちの混合です。後者のグループはよそ者、外人で、移動がはげしく、長くは住みつかないということでした。私たちはもちろん後者で、それも五年も住まずに村を去ったのですから、最短期の住人でした。

　レニックのように小さな共同体でも、内部が二分、三分されているケースはイギリスでよく見かけます。大学ではじまり、大学で成り立っているオクスフォードやケンブリッジが大学共同体と住人共同体に分かれているのはよく知られた話です。

レニックはどこからも遠く離れた孤島のような土地、しかも自然環境がきびしい所ですから、そこに腰を据えて住人になることはとてもむずかしいことです。先祖代々の住人と、田舎暮らしにあこがれ以上の何かをもった人たちだけが落ち着いていられる、独特な土地柄なのです。そのせいか、地元組にしても、外人組にしても、この村の人たちの表情には強い個性がありありとしていました。ときどき都会人にみえる、「存在感のない顔」はこの村ではちょっと見受けません。

定住組と移住組との間には、あって当然といった種類の溝が存在します。これはなかなか埋まりません。加えて序列の問題もあります――これは移住してきた人々の間で特にめだっていました――職業、収入、どういう家に住み、どういう車に乗り、どういう生活をしているか、誰とつきあっているか、どういう生活信条の持ち主か、言葉にアクセントがあるかないか、あればどういうアクセントか、といった序列です。

私たち夫婦の村での地位はいっそう複雑でした。誰にもあてられる物差しのほかに、村の中で窯を焚くということ、どう見ても私は外国人だということなど、他のカップルにはない問題があって、この村に住んだ五年近い間、「よそ者」の感をぬぐえないまま終始しました。

誰が、どの人に、どこまで受け容れられるかの程度問題は、個々に違うわけですけれど、土地の人にしてみれば、四、五年などという短い時間では、受け容れるかどうか以前のものだったのかもしれません。

今、親しくおつきあいいただいている方と次のような話をしたことがあります。

「私はこの家（村で三代か四代つづいた地主の家柄です）にお嫁入りして来てから、そう、五十三年ほどになるのね。でも、村のファレルさんなんかに言わせると、五十三年だって？まだまだ新米だね、五十年ぐらいで地元の人間になれると思ったら大間違いだ、って言われたわよ。」

「じゃ、どのぐらい経てば本当に地元の人になれるんですか？」

「この辺だと、お祖父さんのお墓が教会にあるって言うと、あ、ここの人だな、って思ってくれるみたいなの。」

それじゃあ自分の代には間に合わない。生きている間中、よそ者か。生まれ育った土地を離れて生きるって大変なことなんだ。でも、生まれ育った所にそのまま住んでいられる、住みたいなんていう人が今の時代にどのぐらいいるんだろう。少ないでしょうに。

引っ越しの習慣は日本とちがって、引っ越してきた人が近所に挨拶に行くのではなく、近所の人が「歓迎」して、モーニング・コーヒーとか、アフタヌーン・ティー、あるいはカクテルに招いてくれるのを待たなければならないということでした。

結局、私たちはレニック村でそういう形式通りの「歓迎」をうけたことはありませんでした。それでも、ごく近所の何軒かと間もなく往き来ができました。

まず第一にお世話になったのは、向かいに住む、一人暮らしの未亡人、ミセズ・テルフォドです。引っ越した当初、石炭を焚く暖炉は初めてだったので、火をいれようとして、いろいろためしてみたのにどうしても点きません。しかたなくて、「どうしましょう」と助けを求めに行ったところ、

「新聞をこういう風に畳んで、いくつも作ります。それを重ねた上に、枯れ枝か、簡単に燃えそうな木片、ありますか、それで結構、それをこうのせるでしょ。あとはマッチを擦って、どう？　点いたでしょう」と、気さくに教えてくれました。一見ムッとした顔をしていて、怖い人という印象があったのですけれど、第一印象はあてにならないことがあるものです。

次は南隣のウォーキントンさん一家。ご主人のジャックは福祉事務所の保護観察官、奥さ

んのブレンダは看護婦さん、娘さんが二人いて、お姉さんは大学でドイツ語を勉強中、妹さんのほうは十代なかばで結婚する、しないの最中でした。お互いの裏口が向き合っていたせいで、顔を合わせることも多かったのです。親しくなるきっかけを作ってくれたのはブレンダでした。

「お砂糖をきらしちゃって、あさっての買い物までお茶は飲めないし、困っているところなの、少しわけてくださる？」

あるいは、

「これ、フレンドシップ・ケーキっていうんですって。食べてみて、おいしいわよ。ただし、同じケーキをつくって誰か他の人にあげないと悪いことがおきるっていう話なの。これがレシピで、これが残りの生地、これに新しく作った生地をたして、焼くわけ。簡単よ。新しい生地を作ったら、ケーキと一緒に申し送る分を別にするの、忘れないでね。」

などと、何かにつけて言葉をかけてくれたり、様子をのぞいてくれたりしました。感じの良い人たちで、気軽に接してくれたせいもあって、一番親しくおつきあいした一家でした。

ウォーキントンさんたちとは家族ぐるみのおつきあいでしたけれど、ミスター・ウォードルとはちょっと違った――おつきあいとも言えない――ある種の交流がありました。

ウォードルさんの家は、わが家とウォーキントン家の間の小道を入って、何軒かのコテジが数珠つなぎになった、少し奥まったところにありました。それだけなら接点もなかったでしょうけれど、ミスター・ウォードルには仕事場が別にあって、それがわが家の真向かいだったのです。彼の仕事場のうしろ、少し奥に引っ込んだ所にミセズ・テルフォドの家が土建屋さん所有の立派な納屋と並んでいました。

ウォードルさんは当時七十歳代の半ばぐらいにみえる、頭がピカピカのお爺さんでした。いつもパイプを口にくわえて、機械油のしみついた青いオーバーオールを着て仕事をしていました。「仕事場」とはいっても、職業というのではありません。趣味で楽しむ作業、つまり機械いじり、正しくは古い自動車を修理、修復するガレージでした。

毎朝八時になると「仕事」がはじまり、正午にはガレージの扉をしめて家に帰って昼食をとる。午後一時すぎに仕事再開。午後四時、ミセズ・ウォードルが魔法瓶にお茶をもってきます。時折、いじっている車の周囲を二人で歩きながら話したり、お茶をすすっている姿を見かけました。そして五時には片づけもすんでふたたびガレージの扉が閉まる。

毎日が規則正しいくりかえしです。土曜日の作業は午前中で終わりました。夏になると休暇で二週間、クリスマスには当日とボクシング・デイの二日間、ガレージは閉まりました。ガレージの開閉や彼の動きで、平日か土曜日か、あるいは日曜日か、今は何時ごろ……と時間さえはかれるほど正確でした。

はじめミスター・ウォードルは地元の人だと思っていたのですけれど、ランカシャーで自転車屋さんをしていたのだそうです。イギリスではお勤めであろうが自営業者であろうが、男性は六十五歳で、女性は六十歳で老齢年金が支給され始めますから、それを契機に大部分の人は引退します。ミスター・ウォードルは退職してからレニックに移ってきたのでした。言葉にもなかなかきついランカシャー訛があって、彼の話は半分もわかりません。ちんぷんかんぷんでもお互いにとにかく話をしようとしたような気がします。

彼の仕事場からはいろいろな音が聞こえてきて、表通り側の部屋にいる時にはどういう作業をしているのかわかるほどでした。たまには機械からでる金属音が高すぎたり、強すぎることもありましたけれど、普段は「ミスター・ウォードルの音がする」という合図程度でした。ラジオを低くかけながら、「走れるようになるのかしら、あの車」と言いたいほど古い車を、上になり下になりしながら、鼻歌まじりで手入れをする姿は平和な自足感にみちて、見ているこちらまで心あたたまる光景でした。

ミスター・ウォードルがどのぐらいの数の車をどうしたのか、全然わかりませんでしたけれど、一台だけはっきり覚えているものがあります。三、四十年ぐらいは経っているかという初期のキャラバンで、外見は小型バスのようです。内部にはベッドから流しまで全部そなわっていて、完璧でした。

「ウォードルさんはこれに乗って好きな所に出かけ、大自然の真ん中で澄んだ大気と自由を胸いっぱいに吸いこんで、日の出をみながら起き、夜は満天の星が手の届きそうなほど大きくみえる所で休むんだろうな、すばらしいホリデーだろうな……」いそいそと作業をするミスター・ウォードルの姿に夢をかきたてられました。

実際、このキャラバンがミスター・ウォードルの献身的な手入れでよみがえると、塗装も新しく替えて、ご夫婦は誇らしげに、息子さん夫婦とその子供たちを後ろに従えて、夏休みに出かけてゆきました。

「平らな道だったら、そうさな、時速六十キロは出たね。のぼり坂とくると、そうもいかねえが……まあ半分ぐらいってとこだろうよ。とにかく、そんなこたぁ問題じゃねえんだ。なにしろ、こんなめずらしいキャラバンにはめったにお目にかかれるもんじゃねえ。どこに行ったたって人気者さ。そんなもんで、こいつがほんのちょっとゆっくり走ってるからって、やな顔をするようなやつぁ、一人もいないやね。みんな辛抱強く待ってくれるわさ。」

ホリデー帰りのウォードルさんは大変しあわせで、得意そうでした。話をしてみると、私が想像していたようなホリデーではなくて、キャラバンに乗って田舎道を走り回っていたのだそうです。珍しい車に引き寄せられてくる人たちとおしゃべりをし、内部をみせてあげたりしてたのしんだというのでした。自分が丹精こめた車を披露し、自慢するホリデーというのがなにかとても率直でほほえましく、自然でいいな、と思いました。

ウォードルさんの仕事場、その奥まった隣がミセズ・テルフォド、間に一軒おいた隣にグリーノップさん一家が住んでいました。村に三軒ある農家の一軒です。「一家はこの村に住んでから二、三百年ぐらいたつ最古参、生粋の地元人だ」と、この村に七年住む木版画家のクリストファが話してくれました。ご夫婦には息子さんが二人いて、兄は家業を手伝い、弟はとても優秀だとかで、私たちがレニックに引越した直後に、化学会社の奨学金を受けてヨーク大学で化学を勉強することになりました。ほかにご主人の弟さんが同居していて、男性三人が数十頭の牛と、数百頭の羊を世話していました。

グリーノップさんの家には卵をわけていただく関係で週に一度ぐらい、わりあいよく行きました。新旭にいた時も近くに養鶏場があって、そこで卵を買っていましたけれど、レニックでもこんなわけで新鮮で、おいしい卵が手に入ってありがたいことでした。

「うみたての卵あります」という戸口にかかった簡単な紙片をたよりに行ったのが初めてで、玄関口の外で卵の包みができるのを待ちました。二、三回そんな風にした後、「今日は寒いから中に入ってください、さ、どうぞ」と招き入れられて、台所のなかにまで入るようになると、鶏を飼っている奥さんだけでなく、ミスター・グリーノップともおしゃべりをするようになりました。

奥さんもそうですけれど、ミスター・グリーノップも負けないぐらい口数の少ない、静かな方で、家畜にもやさしく接する農夫でした。穏やかな表情や話し方は、家畜や牧羊犬にはげしい罵倒をあびせ、牛や羊の群れを追って村の表通りをゆく若い農夫とは対照的です。ミスター・グリーノップに会うたびに、その静かな物腰や話し方になにか信じられないものを感じました。

日本でも農家の主婦は忙しいそうですけれど、ミセズ・グリーノップも、いつも忙しくしている働き者です。台所はいつ行ってもきちんと整頓されていました――石の床はきれいに磨かれ、レンジやストーブの上に吊したドライイング・ラックには洗濯物がかかっています。アイロンがかかってしゃきっとしたシャツやリネン類がかけてある時もありました。掃除や洗濯の合間にバターを作ったり、ビスケットを焼いたり……そのいい匂いがときには台所に残っていることもあり、すべてが真面目な家族、堅実な家庭を反映していました。

ミセズ・グリーノップはこの台所できれいに拭き清めた卵を手提げかごから一つ一つ出して、新聞紙に包んでくれました。その包み方が新旭の卵屋さんと同じだったのにはおどろきました。こういう知恵は世界共通であたりまえなのに。

「三つ児で生まれた仔羊がちょっと弱くて、納屋で育てているんですけどね、見ていかれます？　とっても可愛いんですよ。」

ミセズ・グリーノップに誘われて、納屋に行くと、生まれたばかりの仔羊が三つ児のほかにもいて、可愛いというよりは、ただ小さく、ほそく、体全体がぎくしゃくとして、なんとも頼りなげです。ミセズ・グリーノップは仔羊を膝に抱え上げ、話しかけながら哺乳瓶からミルクを飲ませてやります。仔羊を扱うその手つき、ミルクを飲ませる彼女の表情は母親そのものでした。

生まれて一、二週間もすると仔羊は太ってきて丸くなり、汚れのない白いちぢれ毛がのびてきます。育ってゆく姿だけでも可愛いのに、それが跳んだりはねたり、仲間たちと競走したり、あるいは尻尾をふり、体全体をふるわせて母羊にお乳をねだったり、動きまわる仔羊たちは一層可愛らしい光景です。

母親の胎内から外の世界に跳びだした解放感を体で味わい、どこまで高く跳び上がれるか、どれほど速く走れるかと、自分の可能性を試しているその姿。こんなに高く跳べる、こんなに速く走れるんだ、と自分の力に驚いているかのような表情をみせるとき、その愛らしさはたとえようがありません。無邪気とか幸せというものを絵に描いたような仔羊たちを見ていると、それがキリスト教世界では特別な意味をもっているのも頷けます。

仔羊が生まれるのは春。とはいっても、農業が機械化され、計算化、商業化された現在では、イングランド北部のこの辺でも年々早くなり、一月ごろから生まれはじめます。春に生まれた仔羊はスプリング・ラムといって、季節独特の特別な味覚でもあります。私たちはレニック村の周辺を歩きながら、仔羊が間近で生まれ育つ春を五回送り迎えしました。育ち盛りの仔羊を見てしまったら、スプリング・ラムを賞味することはちょっと不可能です。

新しい条件と環境のなかで、できるだけ早く良い作品を発表できるようにすることを目標にした私たちの日常は、ともすると家の中でじっと仕事ばかりしていることになりました。それは良くないというので、レニックでの暮らしが落ち着いたころから山を歩くようになりました。

レニックのすぐ背後にはペナイン山脈につづく小さな山があって、頂上の台地では夏になるとヘザーが咲き、山道の両側には灌木類や野草がしげって、そこからの牧草地の眺めもよく、散歩にちょうどいい具合でした。

ところが農業の急激な変化がこのあたりにもおよんで、間もなくこの散歩ができなくなったのです。転居当初は昔ながらの農業だったのが、急に商業化、機械化が進みました。野生の草花がはえていた原野が、巨大な新型のトラクターに耕作されて牧草地に変身し、そうして変身した牧草地がどんどん上のほうにのびてゆきました。トラクターの巨大なタイヤは道をも深くえぐって、ドロドロ、もう散歩どころではありません。

私たちは一つ覚えのようにしてきたこの山歩きをやめ、新しいコースをさがして歩くようになりました。そういうときによく会うようになったのが村のもう一人の農夫、ロニー・バウスフィールド氏です。

ロニーはエデンの谷間一帯の町村を集めた地方議会に、レニック村を代表して出ていました。面倒見がいいので人気があります。彼はたいていランドローバーかトラクターに乗って、通りがかりに、「こんにちは、今日はお天気がよくて気持ちがいいねぇ」とか、「いやぁ、今日はあいにくので」と挨拶をする程度でした。それでもそういうことを四年、五年とつづけていると、お互いの間に何かが生まれるものなのか、私は彼のお天気の話が好きになりました。たとえば、暦の上ではもう夏になっているのに、毎日のように寒い、太陽もあまり出てこない、夏らしさはどこにもない、というときに、

「今年は夏が来ないのでしょうか?」

などと訊くと、

「いいや、そんなことはない。昨日の朝、わしは確かにカッコーの鳴き声を聞いたよ。カッコーが鳴いたからには夏だ、間違いない。」

と、安心させてくれるのです。

春分の数日後とはいえ、まだ春の気配もないころ――レニック住まいの最後の年だったかもしれません――村の後ろに控える、レニック富士とよんでいた山が冠雪した姿を写真におさめておこうということになりました。村外れの丘の頂を二人であちこちに移動しながら撮っていると、ロニーのランドローバーが通りかかり、静かに停まりました。

「ヨォオ、お若いの、今朝は暑いようだね。」

と、一声かかりました。晴れてはいても寒い日なのに、夫はいつものようにワイシャツ一枚だったのです。こんな風にお天気から季節の変わり方の話がはじまるうちに、「今年はどうですか、夏は来るでしょうか」という一言がついまた出てしまいました。

「大丈夫、今年は大丈夫さ。二、三日前に、ハートサイドの山際に白い、薄い雲がかかったのを見た。春分の日にハートサイドに白い雲がたなびくと、その年は夏らしい、いい夏になるんだから。」

ロニーは見たところ、グリーノップさんと同じぐらいの年ごろ、六十歳代半ばぐらいでした。背が低く、太り気味です。彼の天気予報は必ずしもあたるとは限らないのですけれど、お天気にまつわる話の内容が豊かで、時間、空間の幅が大きいのです。

空や雲の流れ、雨や雪の降りかた、風の吹き具合を見ながら土を耕し、家畜を育てて暮らしてきた彼は、昨日今日の空模様から明日の予知ができるだけでなく、何年も前の天気とそのときの作物の出来具合、そして人々がそれにどう対応したかなど、話は社会情勢にまで及びました。

「何年のことだったか、夏に大粒の霰《あられ》が降るめずらしい天気になって、家畜小屋の屋根に穴があいた……」

そう話す彼には長年の天気、自然、人間の動きなどが——少しも曖昧なところなく——記憶にきざまれているのでした。大自然のなかで、自然とともに生きている人にふさわしいおおらかさ、それでいて緻密な観察。あたたかいユーモアに包まれた一言一言はいつ聞いても愉しく、彼のお天気の話には退屈しませんでした。話好きの人が体験に裏づけられた話を上手にしてくれるだけでもたのしいのに、合間にちょっと質問などしようものなら、一層元気に答えてくれ、話はまた新しい方向に展開しました。天気や自然をこんなに知っているロニーはほんものの立派な農夫だと思いました。

このときは三十分以上もの立ち話になったのですけれど、お天気の話だけでこんなに長い、たのしいおしゃべりができた、ということに感心してしまいました。イギリス人は天気の話ばかり、とよく言われますけれど、よく知らない者同士が「こんにちは」以上の何かを言いたくなったとき、お天気は格好の話題です。プライベートなことに立ち入らずに、長くも短くもおしゃべりできて、相づちのうちかた、異論のとなえかたから相手のことがわかりますし、こちらの考えかたや気持ちも自然に伝わります。

このほかにおつきあいがあったのは、定年まであちこちの小学校を巡り歩いて教えていたという、ディック・ハインズでした。ローマンカソリックの彼は村にある英国国教会の礼拝には行かず、教会や村人たちから孤立しているようでした。似たような状況にあると思ってか、私たちには親切にしてくれました。

「仕事場が狭くて。」

とこぼすと、

「ぼくの小屋がある。使っていないから、土なり釉薬の原料なり、自由に入れてください。」

ティーや夕飯を一緒にしたこともありました。他人にこんなにやさしい人が小さな共同体では宗派を異にするだけで村八分になってしまう……宗教とか信仰をもつとかいうことは、宗派などとは無関係に、孤独や病気や貧困といった、人類共通の問題を少しでもやわらげようとすることではないのかと思うわけですけれど、現実はどうやらそう単純なことではないらしく、わりきれない思いが残ります。

最後は古書修復をするミランダと、版画家のクリストファ。ともに三十歳代のカップルです。ウォーキントンさん一家の向こう隣に住んでいて、「この村に越してくる人たちは数年でまた出てゆくの、長続きしないのよ」と話してくれた二人でしたが、「結局、自分たちもそういう移動組だった」と、その後、南のほうで偶然会ったときに言っていました。

二人は一つ屋根の下で一組の男女として暮らしていて、ふだんは経済的にも平等な共同生活をしています。ただ、家つきの女性と無産家の男性という組み合わせだとかで、財産の問題があるので結婚はしていない、できない、という話でした。結婚によってお互いの人生を、生活を全面的に分かちあうのではなく、分かちあいはここまで、この先は個別尊重よ、というスタイルです。二人の冷静な結婚観、冷めた分かちあいをおもしろいと思いました。

この二人とはクラフトや物作りに携わる人たちの現実についてずいぶん話し合いました。日本ではアートとしてもてはやされる面もあるようですけれど、イギリスではクラフトへの評価は一般に大変低く、その結果、物作りに携わる人たちは苦しい生活を余儀なくされています。

ミランダにはわが家の芳名簿を作ってもらって、大事に使っていますけれど、彼女の紙の仕事や古書の修復も、クリストファの木版画も、技術のきちんとした本格的な工芸です。にもかかわらず「芸術」ではないために、作品を置いてくれるのはクラフト市やクラフト店しかなくて、経済的にとてもむずかしい、といつも言っていました。

毎年八月から九月のはじめにかけて開かれているエジンバラ・フェスティバルは、今では国際的な一大文化行事として確立して賑わっています。フェスティバルに出店する二人について行って、音楽会や劇場とは違う、クラフトの出店の世界を通してエジンバラ・フェスティバルの一面をのぞいたりもしました。

私たち自身も窯が落ち着いてきて、発表できる作品ができたとき、それをもって、個展をしてくれるギャラリー、扱ってくれる店をさがしまわりました。ロンドン、オクスフォード、ケンブリッジなどで、名の通った画廊やクラフト店を何カ所か訪ねたのです。クラフト・カウンセルのように、国民の税金で運営されている機関をはじめ、行く先々で返ってきたのは暗い現実で、希望のもてない将来でした。

「美しいし、よくできている。つくりも丁寧で、私個人としては好きだが、こういう仕事そのものがもう時代遅れなんだ。残念ながら絶滅に瀕した動物のようなもんですよ。販売だなんて、とてもとても……」

「うちは芸大の卒業生を世に売り出すのが仕事で、彼らが作るものは何でもプロモートするが、あなたのような仕事は持ち込まれても困るんですよ。どこかよそに適当なところがあるでしょう。そちらに行ってください。」

それまでは失敗を重ね、納得できる作品を作るのが精一杯でした。ようやく、これなら、というものができた、いよいよイギリスのやきもの市場はどこにあるのか、どういう可能性があるのか、をつかもうとしてぶつかったのは、過酷な現実でした。夫が作る種類のやきもの、日常の器に対する理解や共感はないということ、したがって相応の評価は期待できない、とわかったのです。

しかもそれは、一部の人たちの一時の気まぐれや、心ない言葉などではないことがだんだんわかってきて、イギリスはやきものに関しては砂漠のような所なのだ、市場などない、とんでもない所に来てしまった、となりました。

夫が京都市立芸大で勉強していたころにも、独立してからも、日本では物を作ることに一生を捧げる生き方、というのは決してめずらしいことではありませんでした。同期生のなかにも、窯を築いた近所にも、そういう生き方をしている人たちが現実にいて、陶芸、染織や木工の世界で作り手として暮らしていました。ああいう立派な、美しい作品を作りたい、というお手本も数多くありましたし、そういうすぐれた作品を生み出した大家たちも少なくありませんでした。

それにくらべて、イギリスはどうなっているのだろう。いったいイギリスで物作りとして生き、生活することはできるのだろうか、という疑問がわいてきました。考えてみると、バ

陶芸家エドワード・ヒューズ

ーナード・リーチ、マイケル・カーデュー、ルーシー・リー、ハンス・コウパーといった、二十世紀イギリス陶芸の巨匠たちの一生を見ても、生活上の辛酸をなめなかった人は一人としていません。晩年のルーシー・リーを除くと、順境のなかで活動した陶芸家はいない、と言えるほど少ないのです。没後に作品が高価な美術品として取り引きされるのは、全く次元の違う話です。

大家にしてそうなら、そうではない人たちは、いったいどうして生活しているのだろう。自分たちはこれからどうしたらいいのだろう……。

そういえば、引き合わされたとき、ルーシー・リーに言われました。

「やきもので生活できないのは当たり前のこと。私でさえ、六十を過ぎるまでは売れなかった。六十歳にならないうちに売れるだろうなんて期待するのは生意気よ。」

こういう現実は実はそれ以前に、既に体験していました。まだ家探しをしている最中のことでしたけれど、その時の私たちにはその意味が十分わからなかったのでした。

オルストンという、ペナイン山脈につづく原野のただ中にある村でのこと。ちょうどお昼時でしたので、車を停めて、パブに入ったのです。カウンターで地元産のビールを注文し、フィシュ・アンド・チップスが出てくるのを待つうちに、周囲のお客と、たぶんその日のお天気で話がはじまったのでしょう。

「今日は実にいい日になりましたな。この辺は初めてですか。オルストンは落ち着いて、いい村ですなあ。村の人たちはにこやかだし、親切ですね。いや、気に入りました。」

日常生活から解放されて、人は気分がよくなっていますし、ことにアルコールが入ったりすると、人見知りをするので有名なイギリス人でも、知らない人と会話をたのしむことはできるのです。

「ホリデーですか?」

「いえ、私たちは家探しをしているんです。」

あきらかに定年退職者とみえるそのご夫婦は、興味をもった様子で身を乗り出してきました。

「私たちはケントに住んでおりましてね、ここにはホリデーでまいりましたの。ケントは緑が多くてきれいですけど、この辺は人は少ないし、ゆっくりしていい所ですね。家探しとおっしゃると、今はどちらにお住まいですの。」

話が徐々に進んで、日本に七年間住んでイギリスに戻ったばかりだとか、日本はどういう国で、日本人はどういう人たちか、などと和気藹々《わきあいあい》のやりとりがあった後、夫人が夫にむかってさりげなく訊きました。

「どういうお仕事をしてらっしゃいますの。大学か学校の先生のようにお見受けしますけれど。」

「いえ、私はポターです。やきものを作っているんですよ。日本でやっていたんですが、イギリスのやきものに目ざめて帰国しました。それで、工房を作って、住む場所を探しているところなんです……」

夫が言い終わらないうちに、すでに夫人には急激なほどの変化があらわれていました。

「ポターだなんて。全然そんな風にはみえませんのにねぇ。」

こう言ったときの、一言ごとに声が低くなって、それまで私たちに向けていた顔と体をそむけ、逃げ出す姿勢になった彼女の変わりよう。それに比例した夫君の表情の変化によって、私たちはポターというものに対する一般の評価を一瞬のうちに感得したのです――その社会的地位の低さを。この日の私たちはそういうことにまだ無知でしたから、このカップルの急激な変化はおかしいばかりで、笑いました。

「陶芸家って、イギリスでは蔑視されるほど低い身分なのね！」

あれから十五、六年。私たちはいろいろな機会を通して「ポター・陶芸家」に対する人々の態度を知るようになりました。イギリス社会の変化につれて、ポター・陶芸家への考え方も変わってきているかな、という感じがないわけではありませんけれど、本質的には変わっていないように思います。今、同じ反応にあったら、私たちはあの日のように、快活に、無邪気に笑ってなどいられないことだけは確かです。

3　カントリー・ハウスへ

ある日曜日の午後、いつものように夫は工房で仕事中、私は家の中で本を読んでいたか、手紙でも書くかしていたのでしょう。ふだんと変わらない静かな時間のなかで突然、玄関の扉をノックする音が聞こえて、階下におりてゆくと、扉の前には見知らぬ女性が立っていました。

「日曜日なのにお邪魔して……」

突然の訪問者はさかんに言い訳をしながら名乗って、ある方から私たちのことを聞いて来た、と言うのです。紹介者はイギリスに戻って間もないそのころ、夫の陶芸を応援してくれたイアン・ロウ氏でした。

「今度、地元でクラフト展をすることになりまして、私は出品者の選定を依頼されましてね。イアンがエドワードさんの陶芸をとても評価していて、一度見るように言われていたんです。今日はダラムから帰る途中なんですけど、思い出して、ちょっと寄ってみました。突然で失礼とは思ったんですけど、エドワードさんを推薦したいと思います。出品してくださいます?」

ぜひ受けてほしい、と力をこめて言います。この方こそ、私たちがその後住むことになったアイスル・ホールの館主、ミス・バーケットでした。彼女自身の後日談では、

「あの日は、帰宅の途中でお手洗いが必要になって、電話もしなければならない用を思い出したの。で、話に聞いていたあなたたちのところに寄ってみた、というわけ。」

なるほど彼女は大変遠慮しながらもお手洗いをつかい、電話をし、用事がすむとまたまた謝りながら帰ってゆきました。クラフト展出品はこういう思いがけないめぐりあわせから生まれた話だったのです。

その日から数カ月の間に、夫の作品を買いに、あるいは見にゆくようにと彼女に言いつかったらしい人たちが二、三訪ねて来る、ということがあった後、一月半ばのある日、彼女が

また、忽然とわが家に現われました。すべてをかきまわす突風のような人だと思った初めての日の印象があざやかに戻ってきました。「一週間後、ティーにいらっしゃい」と最後に言って帰ったあとは、さながら台風一過の感がありました。

こうして一月も末近くなったある日、ミス・バーケットの住むアイスル・ホールに出かけました。夫はコンサートで一度行ったことがありましたけれど、私は初めて。途中で近くの教会に寄って、そこからアイスル・ホールを眺めました。

牢獄のようで、美しい建物とはいえないけれど、彼女と老女性彫刻家が一人きりで住むにはとてつもなく大きい、という第一印象です。規模の大きさに対するこの驚きは、屋敷のなかに入るとさらに増して、思わず感嘆の声が出てきます。これを彼女は身内でもない人から贈られたのです。西洋の物語にときどき出てくる夢のような贈り物。

アイスル・ホールの広い敷地には、十四世紀に建てられたという塔（ピール・タワー）、あちこちにつぎたしの跡もはっきりとした巨大な本館、コテジという別棟、車庫になったコウチ・ハウス、その他にもう一棟、もともと隠居所だった家があります。樹齢は百年ぐらい、という感じの大きな立派な樹木が両側に並ぶ敷石道、屋敷の足元には野原が広がり、その間を流れの速い川が走り、うっすらと雪を冠った峰が谷間の奥にみえました。

挨拶の後、ミス・バーケットが館内を案内してくれました。家付きの古い家具や絵画などはすばらしく、その合間を彼女が蒐めた、絵画や陶器といった現代の美術品が埋めています。こういう物を他人に贈り、受け取る、ということはいったいどういうことなのだろう、どういう考え方からそういう行為が生まれるのだろう……考えようとしても、あまりに法外で、日本では多分考えられない、という思いしか浮かんできません。

好奇心も手伝って、例によって家の構造や室の用途について質問すると、彼女自身まだ余り知らないようでした。「専門家にもわからないことがまだたくさんあってね」と言って、専門家と彼女の意見の相違を披露してくれたり、おしゃべりは自然にはずみました。その一方で、ただでさえ薄暗い居間の、なお一層暗い部屋の片隅に座った、控えめで言葉もすくない女性が気になってしかたがありません。秘書？　いえ、後見人かしら、私たちとの席によばれたということは……などと想像が勝手に動きだします。

ビスケットにお茶というごく簡単なティーのときには、彼女もおしゃべりの仲間入りをしました。ジェニーという名の、フェルト作りに活躍するアーチストで、ミス・バーケットが彼女の大ファンなのでした。

「この館の主人になったということは、私には一生の重大事でしたね。責任もあるし……それまでは自分が建てた林の中の小さな家で、大きくふんぞり返っていたわけでしょ。それがこの大きな館におさまってからは、自分の小ささを思い知らされて……またとない経験でしたね。」

ミス・バーケットのこういう考え方には感心しました。

「でも、いいことばかりじゃなくてね。借家人や土地のことでいろいろ問題があって、それやこれや、悩みはあるんですよ。」

おとぎ話にも舞台裏はあって、夢のような、と言うだけではすまされない、人間の世界はやっぱりそんなに単純じゃないんだ、と同情しました。すると突然、ミス・バーケットがひょいと、口がすべったという感じで、こう言いました。

「あなたたち、ここに住まない？　この隣が別棟のコテジになってるの、いかが。あなたたちがアイスルに来て住んでくれると助かるわ。」

私はハッとして夫と顔を見合わせました。夫もびっくりした表情です。この人は千里眼なの？　それとも偶然？　同じ思いが私たちの頭のなかをかけめぐりました。

「あまり誘惑するようなことはおっしゃらないでください、本気にしたらお互いに困ります。」

ひとまずこう言いましたけれど、「実は私たち……」という話は避けがたく出てきてしまい、話はどんどん進んで本格的になりました。最後には冬の一日が暮れてしまっているのに、懐中電灯で照らしながら、コテジの内外を案内してくれました。

「あいにく、水道管が破裂したり、ヒューズがとんだりして、電気は切れてますけどね。」

そう言ってみせてくれた家の中は暗くてよくは見えないものの、部屋は大小いくつかあり、台所や浴室は設備が不十分で、寒々としてはいるけれど使えそうです。「何より仕事場のスペースがたっぷりだから心おきなく仕事ができるし、これだけ隣近所から離れていたら苦情の心配をしないで窯焚きができる」と言って夫は完全に乗り気です。帰途の車中でも、家に着いてからもこの話に興奮して、二人で夜通ししゃべりつづけました。

実は私たち、レニック村を出たい、と思っていたところだったのです。

今住んでいる家を売ったらまた借家暮らしになる、原子力発電所が近すぎる、という点が気になりましたけれど、それ以外に問題はなさそうで、少なくとも環境は理想的にみえました。

「レニックより世間に近そうだから、人と接する機会が増えるかもしれない。」

そんな希望さえわいてきました。レニックは景色はすばらしいけれど、「地の果て」という言葉を実感するほど、どこからも遠い所でした。この村での生活は作陶の面でも、暮らしの面でもずいぶんきびしく、転居したころの気持ちは萎えて、日本に帰りたい、と私たちは思うようになっていました。

そんな気持ちが日本への手紙に洩れるようになっていた一方で、日本から訪れた人に「いい生活をしていますね、うらやましい」と言われたりもしました。旅人には仕事一筋に専心して、静かに落ち着いた生活にみえたのでしょう。そういう一面はたしかにありましたけれど、外からは見えない内実の苦痛も否定できないことでした。苦労でもイギリスに留まるべきだ、という日本で応援してくださる方々の考えもはっきりしました。

牛や羊がのどかに草を食むイギリスの田舎暮らし、そこで自分の信じる道をひたすらに進む生活は本当の暮らし、理想的なあり方なのでした。日本の人が一番ほしがっている暮らしをイギリスでしている私たちが、日本に帰りたい、などと言っても通用しません。このままここで様子を見るしかないと言いながら、鬱々とした日々を送っていた矢先に、アイスル・ホールに移転の話がもちあがったのです。

レニック村よりいろいろな面で環境のよさそうな土地に、突然、「住まない？」と招かれては興奮するしかありません。あそこに引っ越したらあれができる、こうもなるのではないかと、どんどん気持ちがたかぶってきます。朝まで眠れず、その間あれこれと考え、話しあって、やはり引っ越そう、という方向に私たちの気持ちは確実に動いてゆきました。

「それにしても、この話、本気にしていいと思う？　その場の思いつきにすぎなかったらどうする。あとで困らないかしら……」

「思いつきだったら、今ごろは後悔しているかもしれないな。」

「暫くこのまま待ったほうがいいんじゃない。」

「そうだな、今年は二人とも厄年だから……」

ときどき信じられないほど迷信深いことを言う夫がこの時またこう言って、私は吹きだしてしまいました。そういえば日本にはそういう考え方があったなあ、と思い出したのです。

転居は誰にとっても重大問題ですけれど、私たちの場合は自分たちだけでなく、やきものの窯という大きな荷物つきなのでいっそう大変です。窯は築いてから落ち着くまでにどうしても三年ぐらいかかりますし、私たちは五年に一度の割合で大きな引っ越しをしていて、窯だけでなく、私たち自身も落ち着く暇がありませんでした。もう引っ越しは勘弁して、と思うようになっていたのです。

とはいえ、イギリスに帰ってきたのは夫の仕事のためだったのですから、落ち着いて仕事ができる場所探しを最優先させなければなりません。かといって、もう間違いはしていられない、慎重でなければならないのも事実でした。こちらの都合ばかりでなく、迎えてくれる側も喜んでくれなければ長くは住めないことも、体験したばかりでした。

「三カ月待とう」と私たちは決め、待ちました。そして今度は、私たちのほうから面会を求めてミス・バーケットに会いに行きました。

「後悔なさっているといけないので」と、三カ月の無沙汰を説明すると、

「思いつきなんかで言い出したことじゃありません。あなたたちなら大丈夫、後悔なんてするはずないわ」と言って、私たちを感激させてくれました。

その後、何人もの借家人たちがこの屋敷を出たり入ったりするのを見、自分たちが少しずつ古株になってゆくなかで、「思いつきではない」と言った大家さんの言葉に、あの日、彼女にずっと付き添うようにしていたジェニーの姿がなぜか重なりました。

アイスルに転居を誘われた当時は、知らない人間に対するミス・バーケットのわけのわからない、気まぐれな親切と映ったのでした。けれど住んでみると、私たちは必要とされているのかもしれない、と思い当たりました。

この数年、持ち運びのできる、普通に盗みの対象になる物ばかりでなく、牧場の牛や羊、はては石材や屋根の瓦まではがしてもってゆくタイプの盗みが横行しています。近くの村や教会で、カントリー・ハウスでこういう被害が日常茶飯事となってしまった現在、七十歳代の老女がひとりで広い家屋敷を守るのは不可能です。話に聞いていた女性彫刻家は大分前に引っ越してしまって、いませんでした。防犯機器も必要ですけれど、人間がいるのが一番手っ取り早くて、効果的なのです。私たちが考えている以上に、大家さんには私たちの存在が——屋敷の中に人がいるということが——必要なのかもしれないのでした。

あかるい陽の光のなかで屋敷や館をふたたび見、大家さんと話したり、住まいの部分と工房になる所を再度見せてもらううちに、もともと乗り気だった私たちの気持ちは、移転に向かって拍車がかかりました。家を手放せば、借家住まいの苦労をくりかえすことになる、と慎重だった私も賛成するようになっていました。あとは貸借契約に関する法律上の問題と、やきものを作り、窯を築く許可が当局から出るかどうかだけの問題で、それが解決すれば引っ越すことに決まりました。

最初にとりかかったのは築窯の許可申請、次は不動産業者を通して自分たちの家を売る手続きです。同時に日本での個展が迫ってきてそちらの準備も進めなければならず、そのうちに夏休みで友人たちがイギリス国内や日本から訪れてきたり、売り家の広告を見て家を見に来る人々の応対に追われる毎日になりました。

築窯の許可がおりるまで三カ月かかり、それから引っ越しまでさらに二カ月近く、目が回るような忙しさでしたけれど、新しい環境への期待と希望にあふれた、活気のある日々でもありました。

こうして一九八九年九月下旬、私たちはこのアイスルに住まいを移しました。教会がありますからアイスルも村といえるのでしょうけれど、かつてマナー・ハウスだったアイスル・ホールに付属していた家が数軒しかない、村ともいえないほど小さな共同体です。郵便局もヴィレジ・ストアもない所で、村人はひっそり、つつましく暮らしているのです。

湖水地方屈指の高い山や湖が近くにあって、牧草地と丘陵に囲まれた谷間を鮭や鱒の釣れる川が流れ、流れにそって木々が立ち並ぶ、自然にめぐまれた静かな地域です。

そういう環境にあって、アイスル・ホールは唯一の巨大な存在として、ミス・バーケットの話では「千年も昔から存在した」富と権力を象徴した館です。時代によって、住人によって、建物は規模も様式も変化しました。私たちが住むようになってからも、考古学的におもしろい建築の跡がときどき発見されています。そういう所にある日、夫と、あきらかに外国人の私がやってきて住むようになったのでした。

マーク・ジルアード氏の『英国のカントリー・ハウス——貴族の生活と建築の歴史』(邦訳全二冊、住まいの図書館出版局、一九八九年刊)を訳していたころは、私たちがカントリー・ハウスに住むことになろうとは夢にも思っていませんでした。ジルアード氏の定義するカントリー・ハウスとは「田舎、地方にある貴族や富豪の単なる邸宅ではなく、そういう人々が

アイスル・ホールはひっそりした村に聳えている

富と地位を誇示し、権力への道をめざすことを意思表示した建物」ということになります。

個人があらたに城館を建てる時代ではなくなった現在、こういう表現には違和感がありますけれど、カントリー・ハウスというものを的確に言いあてています。そういう特別の意味あいをもった屋敷・館に、富や名声や権力などとはまったく無縁な私たち夫婦が引っ越してきたのです。私たちにはもちろん大事件でしたけれど、近隣の人々にとっても相当の事だったようです。

私たちが借りることになったのはもとの厩《うまや》で、大家さんがコテジとよぶ一棟です。歳月の経過とともに物が増えて手狭になってくると、棟全部を借りられなかったのが残念です。レニック村の家にくらべて、住まいの部分は部屋数も少なく、せまくなりましたけれど、逆に工房のスペースは数倍の広さになり、夫は自由に仕事ができるようになりました。

本館からほんのわずかしか離れていませんけれど独立した建物ですし、村の一本道に面していた前の家とちがって、ここはプライバシーも上々です。車や人通りは少なくとも、トラクターや牛、羊が朝夕にぎやかに往来した前の家とは大違いの静けさです。移ってきたばかりのころは、ここの夜の暗さ、深い静けさに芯から安らぐ思いを味わいましたが、こういうものがどれほど大切であるかを私たちは徐々に、確実に知るようになりました。

めぐまれた、環境の良い土地に引っ越してきたことはとてもうれしかったのですけれど、現実面ではなかなか大変でした。厩住まいだなんて、キリストや聖徳太子のような、願ってもないお仲間がいる、結構じゃありませんか、などと冗談を言わなければならないほど……大改造が必要だったのです。建物自体、屋根や壁など、基礎はしっかりしているものの、この厩は柔弱な現代人の住まいに適した設備をまったく備えていなかったからです。

階下はむかし、数頭の馬を収容した厩舎《きゅうしゃ》と、タックルームという、馬具を置いたり、手入れをする部屋でした。床の敷石、鉄製枠の飼葉桶や飲料水入れ、仕切りの板壁など、備えも物の質もなかなか堅牢です。階上にはかつて乾し草置き場だった広いスペースを仕切って、馬丁たちの寝室にした小部屋と、小部屋をさらに改造した台所や浴室があって、部屋らしい部屋は二つしかありません。

厩としての用がなくなってからも、必要に応じて人が住んだことはミス・バーケットの話にも出ましたし、そういう形跡は台所や浴室の設備にもみえました。現に私たちが初めて訪ねたときも、厩には若い女性がひとりで住んでいました。それにしても、同じ建物の階上と階下のつくりからして、人間より馬のほうが大切に扱われていたのはあきらかでした。

二部屋のうち一つは、部屋の南北両側に感じのよい石枠の窓がついていて、カーテンなどさげたら、すっきりした窓辺の美しさがだいなしになりそうです。南側の窓からは下を流れる川、両岸の木立、その背後の丘などが見渡せて、この部屋からの眺めは一目で気に入りました。別の一室も暖炉をふさいで、戸棚を取り払うだけですみそうでした。

でも良いのはそこまで。それ以外は台所も浴室も、室だけでなく設備もとてもそのまま使えるものではありません。暖房設備は皆無、電気は通っていても、電線は古いし電力もたぶん不足、床板はところどころで穴があいたり、割れたりして弱くなっています。壁紙はもちろん全部かえなければなりません。カーペットもいれなければなりませんでした。

さいわい長期の貸借契約ができましたので、借家ではあっても自分たちの家づくりをしたいと思っていた私たちは、自前で工事するつもりを申し入れたところ、ミス・バーケットに大喜びされて、さっそく改造にかかりました。けれど、住まい部分の改造がすみ、工房の設備がおわるまでには、レニック村の家一軒の値段に近い出費になるという、予想外の結果にはおどろきました。

引っ越しの日取りを決めた段階で、土建屋、左官屋、大工さんたちと打ち合わせが始まりました。こういう仕事をする人たちは引っ張りだこです。あちこちの工事をかけもちなので、なかなか来てくれなかったり、思いがけない時に突然現われて、よろこばせてくれたりするのが常です。

まずは梁や柱、床板などの木材に防虫加工をしてもらって大改造が始まりました。すべてが終わるまで、とくに住まいの手入れがつづいた間は埃と混乱、塗料の強烈な臭気と騒音のなかでの暮らしになりましたから、なかなか大変でした。暖房と水まわりを一番優先してもらいましたけれど、浴室が使えるようになるまで少し時間がかかりました。最初のうちは七十キロほど離れた前の家まで、引っ越しの後始末をかねてお風呂に入りに帰りました。ずいぶん遠出の入浴でしたけれど、売り家の広告を出してから売買が完了するまで半年近くかかったことが逆に幸いしました。

家も仕事場も手入れの主力は夫で、職人たちには夫ができない部分をしてもらうことになりました。経済的にも時間的にもこれが一番確かな方法で、程度の差はあってもイギリスではこうしている人が多いようです。三年ぐらいかけて自分の手で家を建てた例も実際に見ました。
混乱のなかで生活しているときに、物珍しい引っ越し先を見に親類たちがやってきました。扉がまだついていない戸棚の食器は丸見え、洗濯物がさがっている部屋までふくめて、とにかく何もかも見せなければならないという方式がいやなときもありました。自分たちは今こうしている、今後の計画はこうするつもりだ、と説明するのがイギリス人の流儀です。イギリスにいるのだから、「郷に入っては……」どおりにしなければならない、と自分に言い聞かせても、裸の生活が見世物になったようで、目のやりどころがない気分でした。ですから、こういう工事の途中から、ダラムにあたらしくできた日本の私立大学の分校で、英語や英国文化を教えることになったのは大変好都合で、ありがたいことでした。

転居から住まいの改造を経て、工房の準備が完了するまでたっぷり一年。それから窯の完成までさらに半年という具合で、一年半ちょっと、夫は制作から遠ざかっていました。いちおう座って仕事ができる環境ができると、待ちきれないようにして轆轤《ろくろ》にむかっていました。そのころにはこの新しい土地でやきものを作って暮らしてゆけそう、と思うようになっていました。けれども実際には、ガス・タンクの大きさを決めるときにガス会社の計算間違いがあったり、その他日本では体験しなかった難問が未解決のままつづいて、結局、納得のゆく作品ができるまでにまた数年かかりました。

けれども、第一の難関は近所の人たちです。それぞれの利害と対立するということなのでしょう、最初のうちは何かと反対がありました。一人の工房なのに大きな製陶工場でもできると思ったのか、やきもの作りは水を多量に使うから、排水が環境を汚染するから、というので屋敷の向かい側で農業を営むマガフィー家が反対していると言われました。ミス・バーケットが頭痛の種と言っていた人たちで、両者の対立に新参がまき込まれてしまったようです。

水は平均して日にバケツ一杯分ぐらいしか使わない、だから家畜の飲料水がおびやかされる恐れはない、また毒性のものは使わない、土も釉薬の原料もほとんどは再利用される、などと大家さんを通して説明すると、その点では納得してもらえました。

窯焚きの燃料も問題でした。それまでは、日本でもイギリスでも、灯油で窯を焚いていました。アイスルでも灯油のままでゆくか、それともガスに切り替えようかと思案している時に、大家さんにこう言われたのです。

「ミセズ・スプリンゲットですけどね、最近アイスルに越してきたばかりなの。喘息《ぜんそく》もちで、マンチェスターの大都市から、空気の良い所を選んで引っ越してきた人なんです。その彼女が窯からでる煙のことをとても心配しているんですけどね。」

マガフィ一家にせよ、ミセズ・スプリンゲットにせよ、何か新しいことがおきそうになると、まず自分に波及してくる利害をもとに行動するイギリス人のやりかたに直接触れた初めての体験です。当惑したり、感心したり、呆れたり、こちらの気持ちはどうあっても、一つずつ事実を説明して納得してもらわなければならないことを知りました。琵琶湖の湖畔ではやきものを作るからというので、家の関係者や近所の人から苦情が出たことなどありませんでした。窯を築くのにも何の手続きも許可もいらず、町役場に問い合わせに行ったこちらが呆気にとられるほど簡単でした。お国柄の違いとはいえ、日本とイギリスとではここまで事情が違う、と思わずにはいられませんでした。

窯の燃料は煙の出ないガスに決めました。

いちばん頑固で、心理的に負担だったのは、ここで私たちがやきものなどすると、日本人が大挙して観光バスでやってくる、そうなると地域の平和が乱れる、と近所の人たちが反対しているというものでした。

「そんなことになったらどんなにすばらしいでしょう。」

と、私は仮定法で答えました。

「でも、残念ながら、とてもそこまでは望めないと思います。」

一九九六年の夏、この言葉が一度だけ覆《くつがえ》って、日本から三十名近いお客さまがありました。大家さん、館のガイドさんたち、この屋敷で生まれ、奉公したメイ・モアさんも含む全員が、心から歓迎してくれましたけれど、様子をのぞきに来たマガフィ夫人は渋い顔でした。それでも皆が喜び、たのしんでいる光景を見ては、厭がらせも途中で呑みこまないわけにはゆかなくなったようでした。

こういう反対のせいかどうか、作ることは許されても、できあがった作品の販売は許可されませんでした。マガフィ夫人など、新しい、珍しいものが近所にできた、というので友だちを連れてきておきながら、いろいろ見たり、夫の話を聞いた後で、その人が「楽しかったわ、お仕事の邪魔をして悪かったけど、今は手元不如意なので何も買えない」と言うと、「いえ、いいのよ、この人たちはここでは販売してはいけないことになっているの、許可がないんだから」と素気なく言い放ち、他人事に対する地元議員の物知りぶりを披露したのでした。

そのとき私は、意地の悪いことを言って、厭な人だな、そういえば人相も……などと思ったのでした。けれど、彼女のこういう言動があったおかげで、販売できる許可を持たなければならない、と思い至ったのですから、何が幸いするか、ほんとうにわからないものです。

住民税のほかに事業税まで納めているのに、作るのは許すが作品の販売は許さない、というのは不公平です。是正されなければなりません。作っても販売しなければ生活はできない、という簡単明瞭なことが、給与生活をしている役人には理解できない。お役人って天下泰平でいいわね、の一言がつい出てきましたけれど、羨んでばかりもいられません。被害をうけるのは私たち自身、行動しなければならないのでした。

屋敷の内にも外にも、看板のようなものは一切掲げてはならない、というきびしい限定つきの許可がおりるまでに、六年かかりました。しかも最初は三年間の仮許可、それが満期になって再申請すると、ふたたび三年間の仮許可です。

二度目も仮許可だったのには、愕然としました。というのも、再申請の書類を提出して何カ月か待たされている間に、実地調査に来た係官が、

「今回の再申請では、本許可がおりるようにしましょう。」

と言ってくれたからでした。仮許可中に違反行為がなかったというので、感心した係官が言ってくれた言葉に、私たちは期待をかけてしまっていたのです。

「本許可がもらえる、そしてそのあとはもう申請しなくてもいいんだ。」

それなのにまた仮許可とは。がっかりして、憤りも感じました。おりるはずの本許可はどうなったのか、なぜまた仮許可なのか、と説明を求めました。長々と薄弱な言い訳があった後に、「誰も引き継げない、エドワード・ヒューズに対する許可である」という以前の条件を再確認して、ようやく本許可を得ることができました。

4　アイスル・ホール

アイスル・ホールは美しい自然に囲まれて建つ、古い歴史のあるマナー・ハウスです。足元にはダーウェント川が流れ、その向こうの牧場では牛が草を食み、さらにその奥には湖水地方第三の高峰、スキドー（標高九百三十一メートル）が時に雪をいただいた姿をみせます。牧場の間をくねって流れる川沿いに石楠花《しゃくなげ》が咲き、すべてが何ともいえないほど平和で静かな初夏のひとときに、遠く、近くの木立から郭公《かっこう》の鳴き声でも聞こえてきたら、「楽園」という言葉が思いうかんでくるほどです。

特に敷地の中に入って、地に届くほど枝を垂らした大木が左右に並ぶ敷石道をゆっくりあがってゆくときに受ける、俗世間から隔離されたとでもいうような、時間からさえ取り残されたような、ひっそりとした別世界の感じは、ここに住みはじめて十年をこした今も変わりません。

アイスルという名のいわれには二つあるようです。ひとつは「イサの川の牧場」を意味したアングロサクソン語のイサラ。この名前は館が建つ前からの古い公式記録に載っているということです。時代とともに語音や綴りはかわり、一五〇〇年代から一六〇〇年代にかけて現在の綴りに近くなり、二、三の綴りが併存して、一八五〇年以後、現在の綴りにおちついたといいます。

第二は、「低い」という意味のケルト語。雨が少しつづくと川があふれ、牧場が水浸しになるような谷間にあるこの地にふさわしい名前です。ダーウェントに流れこむ小川がアイスル西側の境界線だったと言いますから、アイスル・ホールは低地に囲まれていたと考えることができ、島にそびえたつ館のようにみえたかもしれません。ピール・タワーの東側と北側に堀があった徴候があり、堀に囲まれていたとも考えられるなら、島にそびえたつ館、のイメジはいっそうです。

ダーウェント川の洪水

アイスル・ホールは二ヘクタールほどの土地に、ピール・タワーとそれに接続する本館、昔の厩、馬車をおいていたコウチ・ハウス、隠居所だった別棟など、数軒の建物がたつ屋敷です。中に入ってまず目につくのはピール・タワーと、サンクン・ガーデンという、今ではかなりさびれてしまった様式化された庭園、そして本館内部のダイニング・ホールも印象的です。

ピール・タワーはスコットランド、イングランドの国境周辺に特有の建物です。戦いの絶えなかった土地にふさわしい、人間と家畜が避難できる、要塞をかねた塔でした。面積の割りに背の高い、マッチ箱に近い形をしていて、一階または半地下が動物用、人は二階から上を使いました。

アイスル・ホールのピール・タワーがいつ建ったのか、正確にはまだわかっていないようです。現在のところは一三八八年以降、一四〇〇年代はじめにかけて、ということになっています。というのも、一三八七年、コカマウスの町とアイスルを含む周辺一帯がスコットランド軍に襲撃、略奪された時に、アイスルは要塞をかねた住居群を破壊されました。その結果、翌年以後に現在のピール・タワーが建った、あるいは再建された、と考えられるからです。

このピール・タワーは四階建て、屋上に鋸《のこぎり》の歯の形をした胸壁がつき、一階は半分が地下になった半地下です。半地下は二室にわかれ、天井はロマネスク様式の半円形ですが、地上階の窓は十六世紀以後のものとされています。戦いの際の避難所として建てられたのですから、平和な時がくるまで窓をつけられなかったのは当然といえるでしょうか。窓のほかに矢を放つための細長い切れ目が壁についていますけれど、窓より古いものであることはわかっても、いつ取り付けられたのか、断定はできないということです。専門家でさえ時代を断定できないものがアイスルにはいろいろあることは、初めてアイスルを訪れたときに聞かされていました。

南北に細長いこのピール・タワーに、グレイト・ホールと住まい棟がL字形に接続して、本館は東西に長い建物になっています。本館の東側をしめる現在のダイニング・ホールは、建築当時はグレイト・ホールだった部分で、十六世紀から十七世紀はじめにかけて――つまりヘンリー八世、エリザベス一世、ジェームズ一世の時代――の建物とされています。ピール・タワーと同じく、同じ所にあった古い建物をこわして建てかえたもの、というのが通説です。十八世紀以後、これに住まい棟をつぎたして、現在の本館になりました。
十六、七世紀の建築はダイニング・ホールの壁まで。一メートルぐらいあるこの壁の厚みは外壁だったことを語り、壁全体をしめるほど大きい暖炉は、なるほどこの時代によくあった造りです。ダイニング・ホールの真上にある二階の寝室は、当時のグレイト・チェンバーにあたり、イングランド北部にある、この規模の古いカントリー・ハウスの例としては、格別立派なものだと館主の自慢です。
グレイト・ホールもグレイト・チェンバーも来客の接待に使われた部屋で、グレイト・ホールで来客は饗宴に興じ、グレイト・チェンバーではくつろぎ、休息したのです。権力と富の象徴であるこういう館に住んだ人々にとって、来客を迎え、もてなすのは大切な仕事であり、社会的に要請されていたことでもありました。ですからグレイト・ホールやグレイト・チェンバーは重要な空間で、したがって家具調度にも贅をつくしたのです。

現在は館主の居間として使われているパーラーという部屋も、もともとはグレイト・ホールの一部だったということです。ダイニング・ホールとあわせると、二十坪ぐらいになる広さからしても、また、リンネル襞《ひだ》という装飾をほどこしたオーク材の天井や、パネル板の模様からも、これを建てさせた人の富と地位は容易に想像できます。リンネル襞というのは、布地の襞を重ねたようにみえる木材や石材の装飾法で、アイスルのリンネル襞は三重ほどあって、十六、七世紀のものとしてはなかなか見事です。

こういうリンネル襞や模様つきのパネル板は、時代の先端をゆくイングランド南部の上流階級のもので、それがアイスルという遠隔の地で、カンバランド（カンブリアの旧名）の田舎地主に採用された、ということが建築史の専門家には驚異の的であるようです。

これを説明するのに現在の館主は、当時の館主ジョン・リーが外交官としてイタリアに派遣され、一五三八年にはヴェニスに滞在したことを挙げています。これに対してアイスルで調査にあたった専門家には異論があるようで、当時のアイスル館主、ジョン・リーが王室につかえたという記録は『議会史』には見あたらない、サー・ジョン・リーがイタリアに行ったという証拠は何か、と問いただしています。

いずれにしても、建築から判断すると、改築当時の館主には外界との交渉があり、上流階級で何が流行しているかを知っていて、それを採用するだけの知識や感性、財力をもっていたことがわかります。ジョン・リーという人物の経歴や人生がもっとわかれば、隠れた、意外な歴史の一幕があきらかになるかもしれません。英国史とつきあわせるだけでも興奮せずにはいられない、想像をかきたてる館。この館にまつわる事実は想像を裏切るか、上まわるか、好奇心は増すばかりです。

とにかく十六、七世紀、アイスルで大規模な改築工事があって、中世の建物は現在の本館東側部分に生まれかわりました。なぜそういう改築がされて、費用はどこから出たのか。建築施主はどういう地位のどういう人だったのか。カントリー・ハウスに目を開かれた私には興味深い謎です。

貴族、豪族、富豪が建てた館は城であれ、宮殿、マナー・ハウスであれ、単なる住まいではない、権力への道をめざすのだと公言し、財力を手中にしていることを示威する行為である、というマーク・ジルアード氏の一言がまたうかんできます。改築当時のアイスル・ホールの持ち主一族はどんな幸運に見舞われたのでしょう。彼らは何をし、しようとしたのか、どんな地位を、権力をめざしたのか、などの疑問が次々にわいてきます。

アイスル・ホールはイングリッシュ・ヘリテジという、国の文化遺産を保存する役目を負った政府機関から財政援助を受けるようになって、そのお返しに観光シーズン中は公開されるようになりました。館の公開にあわせて館主が書いたガイドブックには、アイスル改築工事に対する好奇心に応えてくれる部分があります。

ヘンリー八世治下、イギリス全国で行なわれた修道院解体の際に、ジョン・リーの弟、トマス・リーはアイスル近くのホウムカルトラムという修道院を解体して功績をあげ、時の大臣トマス・クロムウェルに願い出て、この修道院の土地、財産の多くがリー一族の所有になった、とつげているのです。

一五三〇年代は修道院解体の嵐がイギリス全土に吹き荒れました。イギリスの宗教改革は、下世話な言い方をすると、女王キャサリンを離婚して、アン・ブリンとの再婚をはかったヘンリー八世が、国王の離婚に反対したローマ教会をイギリスから追い出した政治革命である、と言えそうです。宗教と政治を軸にした権力争いは一部で、修道院の解体という形をとったのです。

この修道院解体が一五三五年にはカンバランドにも波及、地域の豪族たちはカンバランドの七カ所にあった修道院を解散させる役を割り当てられました。ジェントリという准貴族、豪族階級は中世以来、地方におけるイギリスの司法、行政の実権を握っていた支配者層です。それが国王の手先となって修道院の解体に貢献したのです。これに加わったジョン・リーは、国王の右腕として権勢の頂点にあったトマス・クロムウェルとの主従関係を公文書にあきらかにした、ということですから、彼の地位は相当上がったはずです。

国家一大事のときに働きのあったこの階級が報いられて、財力と勢力をのばしたのは自然のなりゆきで、この時代にジェントリ階級はイギリス中で力をのばしました。「ハードウィクのベス」の二人目の夫でデヴォンシャー公爵家の祖、ウィリアム・キャヴェンディシュも修道院解体で財産をふやした一人ですし、リー兄弟もそういう一員だったのです。

「ハードウィクのベス」の名前で親しまれているのはエリザベス・ハードウィク。頭の良い、エネルギッシュな赤毛の女性で、落ちぶれた地方豪族の娘の身から、四回の結婚によって、シュルーズベリ伯爵夫人にまで出世しました。寡婦の地位を巧みに利用して、結婚のたびに財産をふやし、エリザベス一世につぐ英国第二の大富豪になったのです。ハードウィク・ホールという華麗なカントリー・ハウスを建てたことで今なお有名で、エリザベス一世亡き後は、孫娘をイギリス女王に、という野望をあたためていたとも言われています。

同じエリザベス一世のころには湖水地方で鉱山の発掘がさかんになっていました。修道院の解体に貢献し、報奨されたり買い受けたりして、拡大した所有地から金、銀、銅、錫《すず》、鉛などがどれか一つでも出れば、財政的には鬼に金棒です。アイスル・ホール本館の改築費用は難なく調達できたでしょう。地位と財力があれば行動半径は急激に広くなり、そうすればイングランド北部に住む田舎地主でも、南部の文化や流行にふれる機会はいくらでもありました。近世初期の行動的な支配階級がそこから、自分の地位と財力にふさわしいものを選び出すのは造作もないことだったはずです。

十六、七世紀に改築された後、本館は西へ西へと増築されて、長くなってゆきました。この増築部分は、建築の時期を決定できる材料がほとんどないということのほかに、寝室だったはずの部屋がただ並んでいるだけで、興味を刺激する部分ではありません。ただこれと関連して一つおもしろいのは、マサイアス・リード（Mathias Read）という、カンバランドを描いて有名になった画家が一七一〇年頃に描いたというアイスル・ホールの絵と、現在のアイスルとの違いです。

大きな違いが二点あります。マサイアス・リードの絵では十七世紀以後に増築された部分は二階建て、ピール・タワーと左右対称になる西北の位置にも建物があること、ピール・タワーをあわせた建物全体がコの字形をしていることです。現在の本館は全部均一の三階建て、西北には建物がなく、全体はL字形です。

描かれた西北の翼部はピール・タワーほど高くはありませんけれど、ピール・タワーより長く、奥行きもあり、なかなかの大きさです。これに別棟か建物の一部なのか、絵でははっきりしない建物がもう一つついています。

この西北の翼部がどうして消えてしまったのかが謎なのです。アイスル・ホールで火事があったという話を聞いたことがありますから、焼失したのではないかと勝手に想像していますけれど、現在は広い前庭になっています。一九二〇年代には狩りをする人々がこの前庭に乗馬姿で集合したと、当時メイドだったメイ・モアは話してくれました。

「殿方には白いカーネーションを赤いブレーザーのボタンホールに、ご婦人方には胸元にすみれを飾ってさしあげました。それはそれは華やかできれいでした。あの頃はにぎやかで、よかったですね。」

マサイアス・リードが描いたアイスル・ホール（中央）と田園風景

目の前にその光景が展開しているような表情です。

大家さんは火事には一言も触れませんけれど、私はずいぶん気になります。火事でこの西北の翼部は焼失した、というならわかりやすい話です。メイ・モアは子供の頃、厩の東壁に今でも取り付けてある鐘を弟と一度、鳴らしたことがありました。屋敷中が大騒ぎになって、大人たちに大層叱られ、理由の説明はなかったけれど、とにかくこの鐘に「ぜったいにさわってはいけない」と言われたというのです。それに、この館にあまり記録がないのは、ロースン一家が住んでいたブレイトンの館が火事で焼け落ちてしまった話とは別に、アイスルに火事があったからではないのかしら……。

マサイアス・リードはアイスル・ホールを北側と南側から二枚描きました。両方とも屋敷の周囲を並木が二重に取り囲んでいます。現在のアイスルとその周辺は木立が豊かですけれど、リードが描く屋敷周辺には樹木が今ほどなく、垣根に仕切られた野原、牧草地になっています。いわば裸のような野原のなかに二重の並木が描かれ、それが現在のサンクン・ガーデン中央を一直線に貫いている通路のところでとぎれて、そこが屋敷への入り口になっています。現在の敷石道ができる前のことでした。こうして入った屋敷の中は、周囲の田園から一線を画した、外界とは対照的で人工的な別世界です。様式的な、意匠化された世界になっていて、何か特別な場所のようにみえます。

画面の中央をしめてはいますけれど、アイスル・ホールはごく小さく、画面の大部分に広がっている、茜色にそまった空と雲、周囲の丘陵、湖水地方の峰など、大きな風景の一部です。そういう大きな風景のなかに暗緑色の二重の並木にかこまれた、中央の白い小さなくぼんだ領域は、ここは余所とはちがう、とでも言っているようなのです。一つの完結した、特別な空間の感じがあり、それにくわえて、なにか説明できない秘密めいた感じもあります。アイスル・ホールは中世から現代にいたるまでこの地域のスパイ網のセンターではなかったか、という空想をたのしんでいる私は、どうしても好奇心を刺激されるのです。

このほか現在の本館には、はっきりと十九世紀の増築、という部分もあります。主なものは本館とピール・タワーを結ぶ連絡階段、それにビリヤード室として増築された現在の応接間です。一九六〇年に館主がロースン一族の男性から一族の遠縁にあたる女性に代わった時、このビリヤード室は応接間になりました。

カントリー・ハウスの伝統ではビリヤード室は男性の、応接間は女性の領域でしたから、持ち主の変更にふさわしい部屋の用途、調度の変更だったことになります。この応接間はその後二十数年間、屋敷の主となったマーガレット・オステン＝リー夫人の趣味と思われるしつらえがしてありますけれど、現在は応接間として使うことはあまりないようです。美術品を陳列した展示室になっていて、見学できます。部屋の壁を飾る過去の住人たちの肖像画や風景画は、この館がつい最近まで占めていた社会的、経済的な地位をしのばせます。

では、アイスル・ホールに住んだのはどういう人たちだったのでしょうか。

この地は現在も地域の行政地区の名前となって残っている、アナデイルという荘園でした。ノルマン人がイングランドを征服した一〇六六年――イギリス人なら誰でも知っている年です――から間もない十二世紀初頭に男爵領の荘園になった、相当古いマナー・ハウスです。そのとき以来、この屋敷には歴代の所有者たち、モーヴィル、マルトン、リー、ロースンといった一族が九百年ほど、領主、館主として君臨しました。

九世紀にもわたる長期間をわずか四つの家系で占めるという、安定した歴史をもつアイスルは、大規模とはいえなくとも、地域の主要なカントリー・ハウスに挙げることができるでしょう。館主たちは中世以来、地元で代々、錚々《そうそう》たる社会的な地位を占めた人々でした。一般の人々がつい最近まで、生まれた土地から動かずに一生を終えたのにくらべ、広い行動半径に恵まれた人たちです。そのなかからは特権階級の人に時にある、奔放、激烈な生涯を送った人たちも出ました。

たとえば、サー・ヒュー・モーヴィルなどは、キャンタベリ寺院で大司教トマス・ア・ベケットを殺害（一一七〇年）した四人の騎士の一人だったかもしれないといわれています。この殉教によってベケットは聖人となり、キャンタベリ寺院は聖地巡礼の地になりました。一九三五年にはT・S・エリオットがこの事件を題材にして、詩劇『寺院の殺人』を書いています。

リー家四代目のサー・ウィリアムは逆賊として一四六二年に斬首されました。また、ジョン・リーはイタリアに派遣されて、ヴェニスに滞在した外交官だった、という説を現館主がたてていることは前述しました。このジョン・リーは彼女のお気に入りですけれど、カーライルという町で借りていたタウン・ハウスの家賃を何年分も払わなかった、というので一五四六年に訴えられています。決して名誉な業績の持ち主ばかりではなかったとしても、とにかく支配階級に属し、国王の代理、ハイ・シェリフとして地域の執政にあたったり、王室所有の城の代官や、国会議員をつとめた人々でした。

領主一門の交替劇や家系図を見ていて大変おもしろいのは、アイスル・ホールの持ち主一門が代わる時に果たした女性たちの役割です。つまり、モーヴィルからマルトンへ、マルトンからリーへと代わる時、一門の名前はかわっても、血筋は絶えていないのです。男性の跡継ぎがいなくなると女性が継ぎ、結婚や再婚によってアイスルは名前の違う一門に引き継がれてゆきました。

イギリスの王室は、ヘンリー八世が男子の世継ぎがほしいばかりに、離婚を押し通そうとして新しい英国国教会までつくりました。そういう無理をして、やっともうけた王子は病弱で若くして死んでしまう、という具合だったのに比べ、アイスルの領主たちは身分が低いだけ自由だったということになるのか、王室より進歩的だったと言えそうなほど、さっさと女性たちが跡継ぎになったのです。

一一三八年にアイスルが地元の有力な一族、モーヴィル家の手に入ったのは、跡継ぎの一人娘が嫁入り支度にもってきてくれたからでした。次にモーヴィル一族からマルトン一門へ渡ったのは、これも跡取りが娘エイダだったからです。初婚では男子を得られなかったエイダはマルトン家の息子と再婚して二人の男児を生みました。これが四代つづいた後、マルトン家の男子の跡継ぎがまた途絶えると、跡取り娘マーガレットがチェシャー出身のサー・ウィリアム・リーと結婚して、アイスルはリー一族のものになりました。名前はかわってもモーヴィル、マルトンの家系はリー一族を通して延々とつづいたことになります。

ただ、ここまで連綿とつづいてきた血筋は、一五七二年、サー・トマス・リーの死によって途切れました。というのも、アイスルを相続した後妻、モード・レドメインが後年、ウィルフレッド・ロースンと再婚し、アイスルはリー一族と血縁のない一族の手に渡ったからです。ですからリー一族の末裔、マーガレット・オステン＝リー夫人が一九六〇年にこの屋敷を買い取って主人になったときは、リー一族にとっては四百年ぶりのアイスル帰還となったわけです。地下に眠るリー一族、さらにはモーヴィル、マルトン一族の祖先たちもこぞってよろこびの声をあげ、踊りまわって祝杯をあげたはずです。

男子後継者が途絶しても一門はそのまま崩壊などせず、無事のときにはおとなしく後方に控えていた女性たちが、お家の一大事、とばかりに、一門の血筋、地位、財産をまもったのでした。女性の地位や権利の問題が大きく社会の前面に出てきた二十世紀は、以前の女性の地位は低かった、と簡単に片づけてしまいがちです。けれども、王侯貴族をはじめとする支配階級の女性の地位と権力はやはり大変なものでしたし、男子の後継者がいない一家、一門の後継者だった女性の場合はことさらに強かったとあらためて感じます。それは「ハードウィクのベス」のように宮廷に近い上層部ばかりでなく、アイスルのようにひなびた田舎、地方豪族でもそうだったのです。

一族交替劇の舞台裏で働いた女性の力を想起したついでに。女性とアイスルとの関連は現在もあいかわらずで、すでに二代の女性館主がつづいています。一九五九年にロースン一族が途絶え、屋敷を引き継ぐ人がいなくなりました。そういう場合の通常の処理法にしたがって、アイスルは一時、国家の所有になり、翌一九六〇年に売りに出ると、ロースン一族の遠い親戚でもあったマーガレット・オステン＝リー夫人が買い取ったのです。夫人は結婚によってイギリスの誇る大作家、ジェーン・オステンにもつながる人でした。

マーガレット・オステン＝リー夫人は裕福な上流の人にふさわしく、気持ちのやさしい、気前のいい人だったということで、二十数年間アイスル・ホール館主として周辺一帯の人々に大変慕われたそうです。一九八六年に亡くなり、子供や親類がなかったことから、この屋敷とそれに付属する動産、不動産の一切を現在の館主、ミス・バーケットに遺贈しました。

彼女の他にもオステン＝リー夫人から土地や金品で恩恵をうけた人々、団体は相当の数にのぼるということです。アイスルには十二世紀以来の古い小さな教会がありますけれど、それに隣接する土地を一部、村に寄付し、現在は「マーガレットの牧場」とよばれています。夫人の家政婦をしたり、長年屋敷で働いた人には夫人の死後も、屋敷内の別棟に家族ごと無料で住めるようにしてあげたり、夫人の慈善行為は今なおつづいているといえます。

現在の館主、ミス・バーケットはこのオステン＝リー夫人の遠い親戚にあたるそうです。学校の先生を経て、ケンダルという、湖水地方の南玄関ともいうべき町で博物館、美術館の館長になり、その功績をたたえられて国家から勲章を贈られた女性です。自然を愛し、美術品をあつめ、広く旅しながら、一生を独身で通してきて、「家庭的なことはまったく苦手で、関心もない」と言って、知能指数の高い人たちの組織、メンサ（MENSA）の一員であるとご自慢です。一人で暮らし、なりふりを構わず、一年中素足にサンダルばきのミス・バーケットは、野鳥にも人間にも同じように話しかける人です。時に封建領主のような言動で摩擦をひきおこしたりしますから、この辺一帯ではかなりエクセントリックな人と見られています。その一方で種々の本を書き、国際フェルト協会会長をつとめ、作家たちから「フェルト作りの母」とよばれるなど、知的、社会的にフルに活動をつづけています。

先代のオステン＝リー夫人は名実ともに富裕な上流婦人らしくふるまい、暮らして、人には寛大で、うるさいことは言わなかったという評判ですから、ミス・バーケットが事あるごとに比較されるのは避けられないのでしょう。とてつもない彼女の幸運は、幸運とばかりも言えない面があっても、それは見えず、幸運としか思わないで嫉妬する人が少なくないのかもしれません。

アイスルを誰に託すかについて、オステン＝リー夫人には候補者が何人かあったということです。ミス・バーケットは当時、ケンダルのアボット・ホール美術館館長で、地域の美術品所有者階級と密接なつながりがありました。オステン＝リー夫人はミス・バーケットの自然保護に対する積極性を買って、数ある候補者のなかから彼女に白羽の矢を立てたというの

ミス・バーケット（右）と筆者

です。もっとも夫人はこの人選に自分でも迷って、他の人に替えようとしていたそうですけれど、その矢先に近くのホテルで昼食をおえ、車に乗ろうとした瞬間に脳卒中で倒れて、そのまま亡くなってしまった、ミス・バーケットは運がいい、と意地悪なことを言う人もいます。

二代の館主がひきつづき自然保護に力を注ぎ、それが今もつづいているのはアイスルにとっては大切な、幸運なことですけれど、館主には自然保護と同じぐらいの大事業もあります。数百年もたつ由緒ある館の建築を守る仕事がそれです。

「カントリー・ハウスに住んでいます」「マナー・ハウスの主人です」というと聞こえはいいわけですし、それなりに社会的な見返りもあるようですけれど、負担も責任も巨大な仕事です。古い石の家は何百年ももつことはもっても、もたせるには四六時中修理の手がかかります。屋根の雨漏りがとまったと思うと壁が動きだしたり、内部の木材が腐朽したり、やれやれ建物はやっと落ち着いた、と安心したとたんに、今度は塀が崩れてきたり、と修理や手入れを休んでいるひまはありません。

大きな土地を所有していて、そこから何らかの収入があったり、館を公開して得る入場料などを上手に運用して、自力でまかなっている館ももちろんあります。けれども、税金で運営されている公的な機関から援助をうけながら、何とかしのいでいるカントリー・ハウスが多いのです。イギリス各地で大小さまざまのカントリー・ハウスが公開され、入場料を払えば訪問、見学できるようになっているのは、そういう観光事業をしなければならないほど、あるいはしても足りないほど、カントリー・ハウスの維持には費用がかかる、という面があるからです。財政的な援助を受ければ、口をはさまれるのは必然のことで、自分の考えどおりにならないことも、自分の意志と衝突する指示をされることも出てきて、なかなか大変です。

それにカントリー・ハウスは地域の人々と歴史的に深いかかわりをもった存在ですし、地域の中心や拠りどころとみなされ、館主は地域社会の指導的存在と仰がれたりします。カントリー・ハウスに住み、その建物や環境を維持してゆく責任を引き受けている人々は、同じ場所で何世紀も生きつづけてきた家柄の人であることが多く、いわば特殊な世界の住人です。そういう社会で生きてゆくには、そういう社会や人間関係についての特別な知識や配慮と、人を上手に動かせる手腕が要求されます。

歴史と伝統のあるカントリー・ハウスをまがりなりにも運営してゆくには、カントリー・ハウス生まれでないとできない、と言う人が大勢います。そういう生まれではない、いわば中流出身の私たちの大家さんが、そういう特殊な社会にとびこんで十年あまり、館主としてとにかくおさまっていることについては賞讃から酷評までさまざまです。

側で見ていると、財力、精神力、体力ともに巨人的な力のいる役目に負けないで、よく頑張っていると感心します。中世以来のイギリスの社会体制が生んだ、現代では時代錯誤の存在になってしまったような建物や、それを囲む環境をまもってゆくのは、個人の力では不可能です。館主とはまったく違う立場、利害関係をもつ周囲の人々と闘いながらも共存してゆくためには、強靭な精神がいりますし、まともな暖房もない石の建物で冬を過ごしても病気にならないだけの肉体的な強健さも要求されます。長年美術館、博物館勤めをした大家さんは、いわばそれほどの犠牲を払っても、アイスルの後見役を使命と受けとめ、務めるだけの価値があると考えているのかもしれません。カントリー・ハウスは周囲の自然や地理に、直接、間接に接触のある人々にとって、それほど大きな存在なのです。

5　メイ一家とアイスル

カントリー・ハウスの世界は、館主とその一家といった、地域社会の上層部に属する人々だけのものではありませんでした。ウィンザー城やブレナム宮殿についてマーク・ジルアード氏は、それ全体が一つの町のような、独立した社会をつくっていた、と述べています。規模の大きいカントリー・ハウスを実際に訪れてみて、敷地や建物の規模、配置、働く人々など、見学者の目につくだけでも、町のような共同体をカントリー・ハウスの敷地内に想像するのはむずかしいことではありません。

カントリー・ハウスは一つの共同体でした。中世なら上は領主、館主一家から下は農奴まで、さまざまな役目をはたす、あらゆる階層の人々が密接な関係をもって暮らした場です。

地主や地域の権力者という支配層だけでなく、土地や建物を管理、維持し、耕作する人々が生まれ、暮らし、一生をおえた、完結した世界でした。領主、館主には自分の利益を守り、その地位や権力を誇示するほかに、社会的責任もありましたから、その日常が円滑にゆくよう、館主一家の手足となって働く人々も必要でした。そういうカントリー・ハウスの世界は、そもそものはじまりから第二次世界大戦前後までつづいたということです。

何事によらず興隆や没落はあって、カントリー・ハウスもその例にもれず、拡大、伸張の例もあれば、没落や消滅の例も、歴史を通してあります。時代の変化が激しいときは交替も激しく、二十世紀、とくに第二次世界大戦後、社会が変動するなかで消えてしまったカントリー・ハウスは多いということです。莫大な維持費のかかる建築物、また生活様式が時代にそぐわないものになってしまったことなど、持ち主たちが先祖伝来の城館を手放したのは最もなことでもありました。持ち主の手を離れたカントリー・ハウスはそのまま朽ちてしまったものもあれば、ホテルや養護施設などに転身したものもあります。

近頃、人気を集めているカントリー・ハウス・ホテルは、こういう変貌の代表的な成功例でしょう。従来の所有者一族の手元にとどまる場合でも、館を維持し、家族や関係者が生活してゆくために、屋敷内を公開して何らかの形の観光事業をしている、少なくとも観光事業に片足をいれたビジネスをしている例は数多くあります。

それにしても、時代の風潮とか動向の力には逆らえないようです。数百年もの長い間、古い生活様式が頑固に残った王室や家柄の古い上流貴族の世界でさえ、伝統的なカントリー・ハウスの生活様式を残しているところはもうないだろう、と言われています。時代の変化に対応できるかどうかで、存続か滅亡かが分かれるのは、すべてのものに共通することです。王室や上流貴族のような特別な力のある世界、特別な名門旧家でさえ、外界から孤立してはいられません。時代とともに意識の変わってしまった外部の人がカントリー・ハウス世界に出入りすることで、その特殊な世界をわずかずつでも変えるからです。公開されているカントリー・ハウスでも、奥まった私的な空間は外部の人の目につかないわけですから、勝手な臆測は禁物ですけれど。

庭園、建物、歴代の館主が蒐集した美術・骨董品など、いわゆる見世物に恵まれたカントリー・ハウスや、歴史に登場したり、何世代も何百年も、地域社会や国家の主人役をはたした有力な一家という、いわば知名度の高いカントリー・ハウスは、ガイドブックその他に登場しやすいわけです。けれど、アイスル・ホールはそういう種類のカントリー・ハウスではありません。地域以外には知る人もごく少ない、マイナーな部類に入ります。現在ここに住む人たちは、伝統的なカントリー・ハウスやその生活様式とはまったく無縁な定年退職者、サラリーマン、工芸家、といった人たちです。

現館主は使用人を一人も雇わず、館内の掃除をする人、庭仕事をする人がそれぞれ週に一度来るだけで、館の一部を貸しながら完全な一人暮らしをしています。私たちは別棟の旧厩を借り、大家さんと同じ屋根の下には借家人が二所帯、ほかに前館主の家政婦だった人が自分の借家人と、一軒別に構えています。館主交替にからまる十何年も前のドラマがいまだに尾を引いていて、あの人とは往き来してはならない、この人と話してはならない、などと借家人たちには禁止事項がいくつもあって、敷地内外の雰囲気はあまり友好的とは言えません。現在のアイスル・ホールは、建物や環境はカントリー・ハウスでも、伝統的な中身を失った、二十世紀末風に変化したものになっています。

そういうなかで、カントリー・ハウスだった頃のアイスルを、私たちの頭の中にいきいきとよみがえらせてくれる貴重な、例外的な存在があります。アイスル・ホールで一九一〇年代から二〇年代にかけてメイドをしていたメイ・モアです。

メイは三年前クリスマスの直前に家の中で倒れて腰骨を骨折、三、四カ月入院生活をしたあと、一昨年春、ついにホーム入りをしてしまいました。九十歳をすぎてもメイはかくしゃくと、記憶力もまだしっかりしていて、ホームで我々を迎えるときの物腰、作法はすこしも衰えをみせていません。

メイは、昔メイドだったちょっと変わったおもしろい老女、というふうに簡単に片づけられない、知恵と威厳の持ち主です。それは他人の足元を見たり、態度物腰や言葉遣いによって人の出身階級分けをしたり、お屋敷で奉公した人だからそれなりの扱いで十分、などという中流階級のスノブ精神には真似のできない、ほんものの威厳です。それは、「ただのメイドだった」（メイ自身の口癖です）人が一生をかけて培ったものが威厳という形に結晶したのだ、と感じさせる種類のものでもあります。

厩に住むようになった私たち夫婦がメイと出会うまでに二、三年、その後親しくなるまでまた二、三年かかりました。詩と音楽の夕べで会った時から、「私のラッキー・ナンバーは

七、それが三つもついていて、私は幸せ者よ」とくりかえすメイが気になったのが、そもそものの始まりでした。メイは一九〇七年五月七日生まれで、八人兄弟姉妹の七番目です。そんなことを言わなければならないほど幸せに恵まれていない、と言っているようにも聞こえたのです。

会って話をきく度に、記憶力のしっかりしていること、話し上手で、人の気を逸らさない、内から湧いてくるようなメイの力に感心しました。ある日、わが家で午後のティーを一緒にしたとき、メイはしっかりした記憶力より、なおすばらしい想像力の持ち主であることを発見しました。そしてその原動力は、アイスルに対する愛着の深さ、アイスル・ホールで奉公した親兄弟への愛であることも。

メイが話をすると、それが誰の話で、何の話であっても、いきいきとした絵になって目の前にひろがるのを私は何回か経験しましたけれど、この日が初めてでした。不自由な足で階段を這うようにして二階にあがりついたとたんに、メイの顔が思い出にぱあっと輝いたのです。

「ここが乾し草置き場だったときをおぼえているわ。乾し草の山の中に入って眠ったことがあってね。柔らかくて、暖かくて、いい気持ちだった。」

メイの言葉に私たちの住む厩の二階は一変しました。いくつかの部屋と廊下に分かれた住まいは遠のいて、屋根瓦の下に梁と柱がむきだしの、壁も仕切りもない広々とした、乾し草が山と積まれた乾し草置き場が目の前に現われたのです。

メイはここ数年、週に一度公開されるようになったアイスル・ホールで昔語りをするようになり、いわば、アイスル名物になりました。大半の人たちには遠く消え去ってしまった世界――カントリー・ハウスを舞台にした、地方上流階級の社交や私生活、奉公人の仕事や暮らしなど、興味のつきない話をして、訪れてくる人々をたのしませています。私たちにとってのメイはそういう語り部のような面のほかに、まるでアイスル・ホールの精であるかのような、特別な面もあります。

五月に生まれたからメイ。でもこの名前をつけたのは両親ではなく、父親の雇い主でアイスル・ホールの館主夫人、レイディ・ロースンでした。双子で生まれたメイと兄の洗礼式の日、モア一家は村人たちに通行を許された、屋敷の中の川べりの小道を教会に向かっていました。村人たちはおそれ多くて館のほうを見やることもせず、下を向いたまま急いで通り抜ける通路でしたけれど、このとき館主夫人がテラスにあらわれて、一家にお言葉がかかりました。

「モア、ダーウェント川のほとりで生まれたのだから、男の子の名前はダーウェントになさい。女の子は五月生まれだからメイに。」

それに対して父親はただ「はい、奥様、かしこまりました」と答えたということです。実はふたりの赤子にはそれぞれ、スコットランドから出向いてくれた伯父の名前コリンと、母親の名前マーガレットが予定されていたのでしたが、雇い主、令夫人の言葉は絶対です。名親に決まっていてお祝いに来ていた伯父の主張もいれて、結局兄には二つ名前がつき、コリン・ダーウェント・モアとなりました。でも日常はコリンとよばれたそうです。メイのほうは令夫人のご機嫌を損ねないようにと、そのままメイと呼ばれました。賢明な母親が譲った場面が目に見えるようです。

さらに令夫人から意外な申し出がありました。

「男の子の世話で手一杯でしょ。女の子は私が面倒をみてあげましょう。」

アイスル・ホールの貴重な語り部であるメイ・モア（左）と

双子で生まれた兄が病弱で、母親は手を離せなかったのです。こうしてメイは館に引き取られ、夫人の手元で育てられました。夫人の居室はピール・タワーの最上階にあって、暖炉には赤々と火が燃えて、絶えることがなかったそうです。

「私は人生最初の三カ月をアイスル・ホールで育ったの。父が作ってくれた木製のゆりかごに入って、ピール・タワーのレイディ・ロースンのお部屋で、奥様と一緒に寝起きしたのよ。」

これがメイの自慢ですが、このことがメイとアイスルとの関係を特別なものにしたのでしょう。

「おまえは果報者だよ。お屋敷の奥方に引き取られて、生まれてから三カ月を、ほら、高いあそこの部屋で育ったのだよ」という話は、親から何度も聞かされたでしょうし、ピール・タワーを見上げる度に、その話を思い出したかもしれません。

普通にはない、名誉ある、稀有な出来事が自分にはおきたのだ、という誇りがメイの心中にうまれ、やがてそこで自分も奉公するようになったこともあって、館との特別な絆を感じるようになったとしても、少しも不思議ではありません。もう一人、似たような境遇で、近くのカントリー・ハウスの厩で生まれ、現在は館の掃除と庭の手入れを一手に引き受けているという人と会ったことがあります。この人もその館で生まれたことを人変誇りにしていました。この地域で生まれ育って、結婚後もずっとカンブリア暮らし、という人たちは皆、地元との強い絆をおどろくほど誇りにしています。それが地域の由緒ある家柄や館との絆であれば、なお一層のこと。

メイとアイスル・ホールとの結びつきは祖父以来のものです。アイルランド出身の祖父は、当時の館主、ウィルフレッド・ロースンのエイジェントという仕事をし、父親トマス・モアは四人いた庭師の頭、ヘッド・ガードナーで、のちに館主が自家用車を手に入れるとその運転手になりました。ロースン一家は当時アイスルではなく、近くにあるブレイトンという館に住んでいました。ブレイトンは十八世紀に建てられた都会的な館で、アイスルより大きかったそうです。その頃のアイスルは隠居所になっており、ときには富裕な人たちが狩猟などをしながら、何カ月か滞在する貸し別荘になっていました。ロースン一家がアイスルに移り住んだのは、ブレイトンの邸宅が一九一八年に火事で焼け落ちてしまったからです。

一八九〇年前後にアイスルを借りたのは、エジンバラのある家族でした。この一家のもとで女主人のメイドをしていたのが、メイの母、マーガレットだったのです。一家のお供で来たマーガレットと、ヘッド・ガードナーだった父親との間にロマンスが生まれ、二人は結婚しました。二人の間には八人の子供たちが次々に生まれ、小さいうちからそれなりの仕事をあたえられました。木に蔦が這っていたら切るように、とペンナイフをあてがわれたということです。

八人兄弟のうち、長男とメイの双子の兄は子供のうちに亡くなってしまいました。その二人をふくめて亡くなった家族の話をする時のメイを見ると、いつも「私は七人兄弟よ」という、ワーズワスの詩に出てくる女の子を思いだします。

この短い詩のなかで語り手は、着ている物はみすぼらしいけれど、巻き毛の、可愛らしい女の子と田舎道で出会って、話しかけます。

「お嬢ちゃん、いくつ？　お兄さんやお姉さんはいるの？　何人？　みんなどこにいるの？」

その子は「ぜんぶで七人で……」と答えますが、話をしているうちに二人は死んでしまって、家のすぐ前の墓地に葬られていることがわかってきます。

「二人がお墓に入っているんだったら五人きょうだいじゃないの、そうでしょ？」

「ううん、七人なの。」

がんとして受けつけません。八つ位の何も知らない子供には、死というものがわからないのだ、と語り手は結論しますけれど、実は幼い子供のほうが、死よりも強い絆の大切さをよほどわかっている、と読者に感じさせる物語詩です。

長兄となった次男のトマスは、アイスル・ホールで庭仕事をしたり、ロンドンでサー・ウィルフレッドの使い走りをしていました。けれども背が伸びすぎ、サー・ウィルフレッドより高くなってやめました。使用人が主人を見下ろすのは具合が悪い、ということだったのでしょうか。ロンドンで電気技師になり、郷里に帰って、コカマウス周辺の家々に電気を敷設しました。

当時の北部イングランドではまだ珍しかったベル――召使いを呼び出すベル――をアイスル・ホールにとりつけたのがこの兄で、メイはこのことがとても自慢です。食堂の床にこのベルがとりつけられ、サー・ウィルフレッドがカーペットのそこを踏むと、台所でベルが鳴って、次のコースが頃合いよく出てくる仕掛けになっていました。「うわー、奇跡みたい、すごい」とメイは驚きました。

次兄のアレックは兵役年齢に満たなかったにもかかわらず、愛国心にかられ、年齢をいつわって志願、第一次世界大戦に出兵しました。ところが捕虜になってしまい、釈放されて帰郷した時には、戸口で出迎えた十歳のメイが老人と間違えたほど老けていたそうです。それほど衰弱した病人になっていました。その後もずっと病弱だったこの兄のおかげで、イギリスは戦争に勝ったのよ、とメイは誇らかに言います。

アイスルの館主、ウィルフレッド・ロースンはこの地域で初めての自家用車を持った人です。メイの父親がその運転手をつとめたことは前述しましたけれど、父親の死後は三番目のアーニーが跡を継いで、一九一八年から二十年近く、ウィルフレッド・ロースンの自家用車を運転しました。ここで、おどろくべきメイの冒険心を語る、すばらしい話をご紹介します。

サー・ウィルフレッドは大変な社交家、遊び人だったようで、アーニーはロンドンやマンチェスターをはじめ、カーライルなど、主人のお供でどこへでも運転して行きました。主人のお使いで車を走らせることも多かったそうです。夜は眠っている間がなかったので、昼間眠い兄は一計を思いつきました。

「どうだメイ、自動車の運転、してみるか?」

訊かれてメイはこの話にとびつきました。兄を助けるため、そして運転というすばらしいことを経験したくて。メイはその頃十四歳ぐらい、車は六人乗りのウルズィです。小柄なメイはクッションを二枚、三枚と重ねて運転席におさまりました。動き出しは兄がギア・チェンジを手伝ってくれましたけれど、いったん調子が出てしまうと、あとは一人で大丈夫。車というものがこの辺にはまだなかった一九二〇年代のはじめに、アイスルからカーライルまでのおよそ五十キロを、信号で停まることも、他の車とすれ違うこともなく快適に走ったのです。

現在でも適度にカーブあり、坂道あり、ローマ人の敷いた直線コースあり、と変化にとんだ気持ちの良い道路です。そこを十四歳のお転婆な少女が高級車ウルズィを颯爽と運転してゆく……想像するだけでも胸がすっとして、いきいきとした場面がうかんできます。

サー・ウィルフレッドはいろいろな病気もちで、週三度、処方箋の薬を受け取ったり、新聞を買ったり、魚屋にまわるのが、カーライルでのメイの用事でした。

「週に三日、メイドが車を運転して町におつかいに行くなんて、こんなすばらしいことはないでしょ。」

この話をするときのメイは、今でも目をきらきらさせます。

姉のアギーはメイの三歳年上、父親が亡くなったときは十三歳でした。

「作文、書き取り、縫い物はいつも満点をとったけれど、歴史や地理、数学の勉強のほうは二点か三点だった」というメイとは違って、アギーは頭が良くて学校は一番の出来でした。でも父が死んでは上の学校に行けず、働かなければならなくなり、アイスル・ホールで台所勤めのメイドになりました。

姉が足を痛めて仕事を休んだとき、「お給料がいいから、しばらくキチン・メイドをしてみよう」とメイは思いたちました。屋敷内の林の中には今の冷蔵庫にあたる――けれど何倍も大きい――アイス・ハウスがあって、キジ、ライチョウ、カラス、うさぎなど、狩りの獲物が三百羽ぐらい、いつも貯蔵してありました。鳥のさばき方はアギーから教わっていましたけれど、アイス・ハウスから出してきたカラスをさばく段になって、血を見たメイは気分が悪くなりました。さらにうさぎの皮をはぎにかかった時、とうとう卒倒してしまったのです。

「鳥やうさぎの始末は代わってあげるから、台所に石炭を運んでよ。」

そんな仲間に助けられて、アギーが休んでいる間だけはどうやら台所仕事をしましたけれど、私にはキチン・メイドはできない、とメイは悟りました。

縫い物、掃除、整頓などは得意だったのに、動物の始末がどうしてもできないメイとは対照的に、アギーはそういうことが立派にできるキチン・メイドだった、というふうに二人の性格はだいぶ違っていたようです。男兄弟のなかで二人きりの姉妹だったメイとアギーは仲が良く、長年病気だった母親をふたりで一生看病し通し、母親の死後はお互いを支えあいました。

最後は末っ子の弟、アーサーです。コカマウスの町には今でもJ・B・バンクスという、昔風の金物屋、荒物屋があって、ここでスタッフの募集があった時、アーサーは応募しました。応募年齢に一年足りなかったにもかかわらず、年齢をいつわって。この店の前は今でも急斜面になっていますけれど、アーサーはこの坂道を自分の体より大きな荷車を押し上げて、採用されたのです。

「力仕事ができたから仕事につけたんだって言って、アーサーは得意だったわ。アーサーには根性がある。だから大人になってから、農機具を扱う会社の重役にまでなれたのよ。」

メイの弟自慢です。

メイ自身がアイスル・ホールに勤めだしたのは八歳のときでした。

「銀器を磨いて週四ペンスいただいたのが最初。そのお金で家中の照明用パラフィンを買ったの。子供が多くて父さん、母さんは大変だったから、少しは足しになったわけね。学校が終わってから、ティーをすませて、それからホールにご出勤。今の台所は、むかしは食料品や食器類をしまっておく貯蔵室でね。そこに座って銀のナイフとか、フォークとか、スプーン、真鍮器具を磨いたの。磨き上げると父さんが作った木箱にしまうんです。ダイニング・ルームの大きな暖炉にシガー・オブンがあるでしょ、あれのお掃除もしましたよ。それに食器洗いも……私は小さくて流しまで届かなかったものだから、父が踏み台を作ってくれて、それにのって食器を洗ったの。」

こんなふうに子供の頃から出入りしていたアイスル・ホールで、メイは小学校をおえるとすぐメイドになりました。一九一八年にイギリスでインフルエンザが大流行、父親がそれで亡くなり、子供たちは母親のもとに力を集め、心をひとつにして生きなければならなくなったからです。

こうしてメイ・モアの一家は三代にわたって、家族全体がアイスル・ホールで暮らし、働いた人々でした。カントリー・ハウスに代々仕える奉公人一家という、伝統的なグループの最後の世代です。現在のアイスルは住人にとっては大変ありがたいことに、ひっそりとした感じがするほど静かで、全体の空間や建物の規模に比べて住人の数が少ないのですけれど、メイの話に出てくるアイスルは狩りやテニス、折々のディナーやパーティなどで大勢の人がよく集まる社交の場であり、日常的にも、主人夫妻を中心に働く人々が住む共同体でした。それはいきいきと活動的な世界、まじめな手仕事の世界で、生活の物音が時を刻んだ、今なら話を聞いただけでなつかしくなるような暮らしでした。

大黒柱を失ったモア一家の中心となったのは、スコットランド出身の母親マーガレットです。彼女はスコットランド仕込みの敬虔なキリスト教徒として、神を敬い、奉公人として従順に、けれど賢明に生きる道を子供たちにしっかりと教え込んだようです。けれどこの母は、メイが若いうちに病床についてしまい、メイとアギーの姉妹は結婚もせず、看病に一生を捧げました。そういう一生に少しも悔いはない、母はそれほど良い人だった、とメイはいつも言います。女手一つ、しかも奉公する身で子供を育てあげたのですから、並々でない知恵と人間的な力量の持ち主だったのでしょう。次の二つは、そのへんのことを語ってくれると同時に、子供たちと母親との力強い、いきいきとした関係が鮮やかに出ていて、私の好きな話です。

両方とも父親の死に関連した話です。

イギリス中でインフルエンザが猛威をふるった一九一八年の冬、メイも弟もはしかか何かにかかって、部屋から出してもらえなかった間に、父親がこれにかかって亡くなりました。母親からその話があったときには、すべてがすんだ後のことでした。

「お父さんはね、お墓で休んでいらっしゃるのよ。」

子供たちには「死」という言葉の意味がわかりません。

「お父さんに会いたい、お父さんの顔が見たいね――」

メイとアーサーは父親を墓から掘り起こすことにしました。

母親は屋敷内でインフルエンザにかかった人の世話でちょうど留守でした。メイとアーサーはシャベルとフォークをもち、ジャムの瓶にろうそくをともして家を出ました。短い冬の日の夕方、薄暗がりのなかでろうそくの火がちらちらします。外に目をやった母親は、自分の子供を認めて表に出てきました。

「どうしたの、どこへゆくの。」

「お父さんに会いたいの。お父さんの顔が見たいから、お墓から掘り出すんだ。」

「じゃあ母さんも一緒に行くわ。おまえたちと一緒にお父さんにお別れを言いましょう。でもシャベルとフォークはいらないから、そこに置いていらっしゃい。」

父親が葬られている墓の前で、母は二人に言いました。

「お父さんはインフルエンザにかかって、とてもつらい思いをなさったの、今はそれが終わって安らかに眠っていらっしゃるのよ。起こしたらお父さんに悪いわ。それにお墓を掘りかえしたりしたら警察の人にいやがられるわよ。」

「警察」の一言にひるんで、メイと弟はおとなしく母親の言うことを聞きわけました。そして家に帰ると母は、父親の写真をみせながら、また二人に話をしました。それによって父の死に目にあえなかった子供たち、父親に会いたい、父親の顔が見たい、という子供たちの気持ちは落ち着いたのです。こうして温かく包みこみながら、子供たちに少しでも事を理解させようと努力する母、事の是非を実例によってわからせようとする母親の姿が、子供たちを納得させたのに違いありません。

でも母親の説明にうなずいたのは一時のこと。クリスマスの頃になると、やはり父親がいないさびしさがつのってきました。

「お父さんがいなくてさびしいな。ぼくたちのお父さんを奪っていっちゃうなんて、神様はひどい。悪い人だよ、ちっとも良くないよ。」

「そうそう、ほんとにその通り。」

メイとアーサーはまったく同じ考えでした。当時、この二人は十一と八つ、年も近くて一番の仲良し、元気の良いいたずらっ子でした。居間の壁には母親が刺繍の稽古で作った「God is Good」というサンプラーがかけてありました。

「あんなの嘘だよ。はずそう、燃やしちゃおうよ。」

と言うアーサーに、メイだけでなく姉のアギーも加わって、三人の意見が一致、日曜学校にも行かないことに決めました。壁からサンプラーを外し、燃やしに外に出ようとしたところで、母親にみつかってしまいました。日曜学校に行く時間になっても、動く気配のない三人の子供たちを不審に思ったのです。

「どうしたの、時間ですよ。」

「ぼくたち、日曜学校には行かないことにしたんだ。神様なんて良い人じゃないからね。ぼくたちからお父さんを奪ってっちゃったもの。お母さんのお稽古の布には『God is Good』って刺繍してあるけど、そんなの嘘だ。だからこれを燃やすんだ。」

アーサーはそう言うと、サンプラーを脇の下に挟んでしまいました。

神の仕業に怒って抗議する子供たちを前にして、母親はいつものようにやさしく、静かに話しかけました。

「うん、でもそれはおかしいわ、ウィザーズさんも、ミセズ・リトルも、ミセズ・マクラレンスも、みんなインフルエンザで亡くなったでしょ。お父さんもインフルエンザになってしまったの。物は食べられないし、何も言えなくなって、お父さんはとっても苦しかったのよ。それを楽になるようにって、神様がお父さんを眠らせてくださったの。お父さんが楽になって眠りについたのは、いいことじゃなかった?」

「……うーん、そうか。そうだね、お父さんが楽になったのはいいことなんだ。お母さんの言うとおり、神様は悪い人じゃないんだ、ね、お母さん。」

「こんなふうに子供に教えてくれるなんて、母はほんとに良い人だったと思う……」と、この話を結んだメイに、夫も私も大きく頷きました。

父親を慕う子供たちの気持ち、無邪気な疑問や怒りをごまかそうとしないで、まともに受けて立ち、子供たちの気持ちを煽《あお》らずに対話する母親の立派さ。そしてそれが自然に教会の教えや社会の流れにそったことになっていて、子供たちにそういうものが自然に伝わってゆくという知恵のすばらしさ。メイとその母親に感銘したのは当然でした。

アイスルで奉公するようになったメイは掃除、主人夫妻の身の回りの世話、お客の接待の裏方を一生懸命につとめました。じきにパーラー・メイドに昇格し、母親と同じ道に入ります。メイが健康な好奇心から、主人夫妻の寝室が別だと言って、不審な顔でもしようものなら、母親に「おまえとは関係のないこと。よけいなことは口に出すもんじゃありません」と叱られました。

下々と違って、王侯貴族たちの社会では、夫婦はそれぞれ独立した領域の主人であり、寝室をともにしない、と私に教えてくれたのは『英国のカントリー・ハウス』でしたけれど、上流社会にはいまでもそういう生活様式が残っているようです。

また、館主夫人、レイディ・ロースンが忽然と館から姿を消してしまったある日、そのことを母に告げると、「このことは決して誰にも言ってはいけない。自分の胸にしまっておきなさい」と言われたというふうに、メイは仕事の話、職場のうわさ話など、何かにつけて母親に話しては、メイドとしてのふるまい方、心構えを教えられたようです。

ですから、日常生活のさまざまな疑問に、いつも間違いなく答えてくれる母親を全面的に尊敬し、信頼したのは当然でしょう。その上、発病した母親を姉と力をあわせて一生看病したのですから、特別の愛情をもつのもまた自然です。兄たちは結婚して家庭をもちながら、二人の姉妹には母親の面倒をみるように、と言いつけました。異性との関係は一切持ってはならない、とも。財政的にも母の看病にどれほど貢献したのかもはっきりしない兄弟たちに、メイもアギーもどういう気持ちだったかは、言葉のはしばしから推測するしかありません。

けれども「病気の母親をホームにいれるなんて、そんなことできない。看病するのはあたりまえでしょ。そういう一生を悔いたことはないわ」というきっぱりした言葉に、疑問の入る余地などないのを感じます。

今なお母親の話をするときのメイには母親への敬愛があふれていますし、メイが生きてこうして母親の話をしつづける限り、母親も生きつづけていることになる、と思います。メイの話を聞いていると、他人のことを悪く言わない、何でも善意に解釈するよう努める、良いことを積極的にする、人に、神に感謝の心を忘れない、といった姿勢がはっきりします。しかもそういうふるまいに無理がみえないのが不思議で、ちょっと聞くとこの人は聖人みたいだけれど、どうなっているのかな、と思うことがあります。それとも、そういうふうにでも考えないと生きてはゆけないほどなので、自分を叱咤激励する。その結果が聖人のようにみえるのかしらと、メイの顔をついじっと見つめてしまうこともあります。

メイは現在九十四歳。一家の最後の人になりましたけれど、心身ともに元気でホームで暮らしています。小さい時は病弱で、特に百日咳のあとは頭に水がたまって歩けなくなったこともありました。そのときは、父親が小さな箱に車輪をつけてくれたのにひもで結わえつけられ、兄アレックがそれを引いて、学校へ通ったそうです。それを学童たちにからかわれたりもしました。

今はときに、聖人みたい、と思わせるようなところさえあるメイですけれど、子供のときはなかなかきかん気なところもあって、あるとき、遠くに校長先生が立っているのを知りながら、その方にむかってお辞儀をしなかったとか。当時の学童は、牧師や先生の姿がみえたらどこにいても、何をしていても、お辞儀をしなければならない定まりになっていました。お辞儀をしなかったメイを校長先生はちゃんとおぼえていて、授業のときに皆の前に立たせてこう言いました。

「どうして立たされたか、覚えがあるだろう。先生にお辞儀をしなくちゃいけないのにお前はしなかった。鞭打ち四回の罰だ！」

二回打たれたあと気絶してしまったメイを、男子生徒二人がすぐ側の小川まで運び出しました。生徒の手が滑って、メイは小川に落ちてしまいました。そのとき、ずぶぬれになっただけではなく、頭を打ってしまったのです。血だらけのまま病院に運びこまれ、何針か縫ったというその跡は広い額にいまでもはっきり残っています。今日、教師がこんなことをしたら、即刻新聞ダネになり、免職になってしまうでしょうけれど、良い時代だったのかどうか、メイのほうが「言いつけを守らなかった罰よ」と笑って、その傷をみせるほどです。

この種の残酷物語はメイの話をきいているとよく出てきます。序列を守り、目上の人には絶対の従順を教えこむための、厳罰をともなう教育。それをいいことに、社会的、経済的に多少の力や地位のある人たちが弱い立場の人たちにむける醜い一面。そういう冷酷な、野蛮な行為を少しも自覚しない不思議。文化が進み、社会は豊かになっても少しも変わらない、こういうわれわれの奥深くにひそむ暗黒の一面はいつまでも、どこまでもつきまとって、人間存在の現実を忘れさせてはくれません。

6　メイの人生——ただのメイド

「私たち家族は貧しくて、とくに父が死んでからは暮らしが大変でね。肉屋がまわって来ると、母はいつも『今日はけっこうです』って、断っていたわ。そういう母を見ると、私はアーサーと二人で森に行って、うさぎを罠に掛けてつかまえては、母に渡したの。今は禁じられてしまったけど、スネアっていう、棒に針金をつけた罠でね。うさぎがかかると針金が首元でしまる仕掛けなの。メイドの暮らしは……雇ってくださるご主人様たちのご機嫌をそこねないように、言いつけには何でも『はい』って言いましたよ。先輩の召使いたちが教えてくれるとおりにしてね。貧しくても辛くても、精一杯がんばらなければならなかった。私は一生、ただのメイドだったけど、おもしろかったたし、いい人生だったと思ってますよ。」

メイは自分の人生をこんなふうに要約します。

話し上手で、すばらしい記憶力。目前の人や物への好奇心にいつもあふれていて、人の気をそらさない。高齢にもかかわらず、メイは人とのやりとりが柔軟です。

「何を飲みます？　食べ物は？」にはじまって、「この次はいつ会いましょうか」などとお互いに訊ねあう段になると、必ず「あなた方は何がいいの？　そう、じゃあ私もそれにするわ。食べたことがないから試してみるの」「私のほうはいつでもかまわないのよ。お掃除や洗濯は次の日にすればいいんだから。あなたたちに会うことのほうが大事なの。あなた方の都合にあわせるわ。いつがいい？」逆に訊ねられて、結局こちらの言う通りになってしまいます。いつもこんなふうで、丁寧でお行儀がよく、相手をたてて、自分を後回しにするのです。人を気遣い、自分のことは忘れる。無欲、無私のお手本のような人です。

こういうふうですから、メイは周囲の人々に非常に好感を持たれています。九十年というメイの長い人生の話を聞いていると、貧しかったり、メイドだったりした立場のために、一層辛い思いをしたと思われることがいくつもあります。でもメイ自身は、恨みがましいことはぜんぜん言いませんし、そんなことに頓着しないかのように、すべてを過ぎ去ったこととして割り切っています。厭だったことは忘れ、良いことだけを心に残しておく、と決意して生きているかのようです。

こういう生き方をする、できるということは、メイが頭の良い人だとか、生まれつき、個性というものもあるのでしょう。けれど、メイドという職業とも関連がありそう、メイドとして鍛え抜かれたせいではないか、という気もします。上流階級に仕え、そういう人々の身の回りの世話をするメイドだったからこそ、人が無理な、愚かなことをしたり言ったりしても、常にゆずって、自分を主張しない習慣が第二の天性になってしまった人。メイのはただ単に、人間ばなれした善良さとか、信じられないような寛大な性格といったものではなさそうでした。そんなことを窺《うかが》わせる言葉がメイの口から漏れることがあったのです。

「貧しくて学校に行けなかったし、利口そうなことを言うなんて許されなかったのよ。」

教育を受けられなかったことを本当にくやしがる口調でした。お互いに気のおけない間柄になってからのこととはいえ、「このおとなしい人がこんな語調で――」と私はおどろき、メイという人が少しわかったような気がしました。

メイがもう少し境遇にめぐまれ、学問を身につけていたら、何をしただろう、と顔を見ながら考えました。科学者？　それとも、弱い立場の人たちのために発言する行動家？　そういう道に進んでいたら、メイはどんな人になっていたかしら。目の前にいるメイ、苦労しても清らかな心をなくさず、かえって辛苦に磨き上げられたようなメイになっていたかどうか。とにかく目の前のメイとは相当違う人になったんじゃない？　多分……。

メイは十三歳で学校を終え、アイスル・ホールのパーラー・メイド助手として、出発しました。けれども、その前から放課後にアルバイトをしたり、女中たちが病気になったり、大きなパーティで手が足りなかったりすると手伝っていました。

朝五時に起きると同時に、メイドの一日がはじまりました。まず、階段の掃除です。塵とりとブラシをもって一段ずつきれいにし、手すりを蜜蠟で磨きました。朝食前に各部屋の暖炉の掃除をすませ、石炭を運んでおきます。寝室で入浴するサー・ウィルフレッドのために、お湯と水を運ぶのも毎日の仕事でした。持ち運びのできる金盥《かなだらい》に腰までつかるヒップ・バスという入浴法で、日本で夏の風物詩だった行水の、いわば英国版です。

朝食をすませると、次は寝室の掃除。当時のアイスル・ホールにはメイドが六人いたそうですけれど、人手が余ることはありませんでした。館主のウィルフレッド・ロースンは狩猟、ダンス、パーティ、テニス、クリケットなど、社交で忙しい人でしたから、泊まり客もよくあったのです。そういう日は、お客のベッドの準備と後始末がふえました。

ただ、メイドにとってありがたかったのは、サー・ウィルフレッドは洗濯物を干した光景が嫌いで、洗濯物は全部、メアリポートという町の洗濯屋に出したそうです。わが家の裏庭で洗い物が干してあるのを見たとたんに、メイの口から出た話です。家庭生活と洗濯を切り離すなど、私には考えられないことですけれど、カントリー・ハウスの暮らしは一般の家庭生活とはやはり違う、特殊なところだったのだとあらためて思います。ですから洗濯に出す寝具、衣類、ナプキンはすべてに「WL」の頭文字を刺繍したそうです。

当時は何でも手作りです。縫い物も欠かせない仕事の一部でしたから、メイはお裁縫上手になりました。カントリー・ハウスから縫製工場に転職できたのも、いつもきちんとした身なりをしているのも、お裁縫上手だったせいだと思います。

ホーム入りするまでのメイは、村人たちに頼まれると着る物を繕ったり、手直ししてあげたりしていました。私も手伝ってもらったことがあります。そしてお礼はいらない、と言って金銭を受け取らなかったために、食事やティーに誘われました。だからメイは一人暮らしになっても人との交流が絶えなかったのです。メイの知恵に感心しました。

ユニークな仕事は、新聞のアイロンかけです。買ってきた新聞をそのまま出すのではなく、アイロンで皺をのばしておく。サー・ウィルフレッドが朝食のテーブルにつくと、パリッとアイロンのかかった新聞が手に取れるようになっていた、という話です。

本館の前庭、眺めの良いところにむかしのテニス・コートがそのまま残っています。もてなしの時にお客のお相手にかりだされることもあって、これは大歓迎のたのしい仕事でした。

パーラー・メイドにとってもっとも大切な仕事は、ディナーの席でのお給仕です。青と白のプリント柄のワンピースで立ち働いていた午前中とはうってかわって、この時の服装は黒のワンピースに白いキャップ、そして白エプロンをかけたフォーマルな姿。教え込まれたとおり、まちがえないように給仕をつとめました。

スープにはじまって魚、肉、デザートなどの全コースは、ホスト、ホステスの右側のお客から給仕をはじめます。食器類はお客の左側から出したり引いたりする。大勢の時はすんだお皿から下げてゆきますけれど、小人数の場合は全員がコースのお料理をすむのを待ってから下げる。いつの場合にも、ホストとホステスのお皿は最後に……こんな具合でした。食事が順調に進むよう、飲食の進行にあわせて給仕するのがもっとも大切なこと。そのためにはたえずお客に目を配り、軽い足取りで動き、テーブルの反対側で給仕をする同僚と歩調をあわせて、手際よく、手早く、静かに飲食物を出さなければなりません。

ディナーの後は主人やお客のベッドを暖めるなど、寝床の支度をします。そして一日の最後の仕事は、就寝前の主人にミルクを持って行き、「明朝は何時になさいますか?」と、起こす時間をきくことでした。ある晩、スモーキング・ルームにミルクを持って行ったところ、サー・ウィルフレッドがメイの手を握って放してくれないので、メイはこわくなって震えました。何とかその場を逃げ出した後、メイは賢明にも先輩にその話をしました。すると彼女は「明日からは私がミルクを持っていってあげる」とこの仕事を代わってくれたそうです。

こういう館で大きなパーティがあるときには、館の主人たちが使用人を貸し借りしたという、おもしろい話もあります。使用人だけでなく、食器その他、不足なものももちろん貸し借りしました。手伝いに出る使用人は、貸し出す物の管理もしなければなりません。何月何日、どこそこのパーティにナイフやフォーク類を何本、お皿を何枚……などというメモをもって、同じ地域の他のカントリー・ハウスへ、群れるようにして手伝いに行ったのでした。

メイドの仕事とは直接関係がありませんけれど、狩猟はイギリスの田舎では伝統的に大事な社交、スポーツでした。そればかりか、自然管理の一つの方法でもあり、地域の人に多くの職場や生計をたてる道を提供した産業でもありました。現在では動物の権利を主張する都会の人々が口やかましくなり、また相当はげしい実力行使もするようになりましたから、昔のように大手を振って狩りを楽しむことはできなくなりました。けれどメイが働いていた頃は、まだ盛んで、素直にたのしめるあそびでした。その頃のアイスルには森番《ゲーム・キーパー》が三人いて、屋敷所属の森林、河川や原野に棲む動物や獲物の管理をしたり、狩りの準備をしたそうです。

雉《きじ》射ちのときは、ゲーム・キーパーが重要な役目をはたしました。招待されたジェントルマンたちに「位置についてー」と号令をかけ、銃を構えたのを確認して雉を放す、お客がそれを射つ、といった手順の指揮をとるのです。

雉は屋敷内で育てましたが、野山での狩りとなると、獲物を狩り出す勢子《せこ》が五十人にもなったそうです。勢子は近隣の農民たちで、その人たちの昼食は、コウチ・ハウスの陰に隠れた感のある、室内テニス・コートで出たそうです。アイスルのはハンプトン・コートにあるヘンリー八世の室内テニス場より広く、天井はずっと高いような気がします。

ジェントルマンやレイディなど、身分の高い人たちはダイニング・ホールで昼食をし、昼食後、女性たちは二階の応接間にあがり、男性たちは食堂にのこってシガー・オブンから葉巻をだして喫ったそうです。狩りは一つでも、ジェントルマンと勢子になる農民とでは、食事の場所も内容も別々でした。現代ではこういう話のときに初めて、そういう時代もあったのだと思う程度になりました。いろいろな場面でいろいろな形の差別はまだつづいているわけですけれど、生まれ、階級、身分といったものによる差別というものは、普段の生活では簡単に目につかなくなっています。

メイドの仕事は次から次にあって、一日中休みなく働きつづけなければならない、きついものでした。掃除中にふと見えた目の前の絵について、何か一言でも言おうものなら、

「あんたはね、ここに働きにきているんだよ、絵なんか見ている場合じゃないだろう。」

先輩のメイドにきびしく一蹴《いっしゅう》されて、メイは二度と絵を見ようとはしなくなったそうです。

ウィルフレッド・ロースンはクリケット・チームをもっていました。主要メンバーは自分の使用人です。自分のクリケット場で、試合中、クリケットのバットを手にしたまま、心臓麻痺で亡くなった、とメイは話してくれました。

使用人たちにあたえる休暇は年に十日だけ、でもクリスマスの時には特別のプレゼントを用意し、慰安旅行にはブラックプールという盛り場に連れて行ったり、ウィルフレッド・ロースンは決して悪い主人ではなかったようです。初めて飛行機がこの地域に飛んできたとき、希望者にはアイスル上空をひとめぐりさせてやる、といった特別サービスをする一面もありました。

せっかくの特別サービスに、使用人たちは声もありません。それを後目《しりめ》に、「ハイ、乗せてください！」と答えて、すばらしいアイスル飛行を楽しんだのはメイと兄弟たちだけだったとか。メイ一家は、どこか特別なところのある人たちだったのです。

アイスルでメイドという職業についたメイは、その後少しでも報酬の良いところから誘いがあると奉公先を変えました。母親の看護のためにそうする必要があったというだけでなく、安い報酬を上げる他の方法がなかったからでしょう。

　二十歳のとき、アイスルからハイアム・ホールに移って、一カ月一ポンド十五シリングの報酬が二ポンドになりました。ハイアム・ホールはアイスルとは目と鼻の先にあります。現在はカンブリア州の教育施設になっていて、二、三日から一週間ぐらい滞在しながら、美術、文化、教育などが学べる、成人向けのコースを組んでいます。

　ハイアム・ホールの次は、その近くの別の屋敷へ。そうしているうちに、メイはだんだん立派なメイドになってゆきました。この屋敷で働いているとき、レイディ・ギブに仕事ぶりを見込まれて、遠く離れたハンプシャーに行くことになりました。

　お客で来ていたレイディ・ギブには、メイ・モアという同姓同名のメイドがいましたけれど、メイとは対照的に身体のがっしりした、大きい女性でした。そのせいかどうか、仕事が手荒で、レイディ・ギブのアンサンブル・セーターにはどれも焼けこげをつくってしまう有様。レイディ・ギブには頭痛の種でした。

　メイがアイロンしたアンサンブルがきれいに仕上がっているのを見て、レイディ・ギブが言いました。

「あなたは少しもこがさないのね。どんなふうにアイロンをかけるのか、みせてちょうだい。」

これはテストだったのでしょう。几帳面で丁寧なメイの仕事ぶりを見て、すぐに言葉を継ぎました。

「ここよりお給料を出すわよ。うちにいらっしゃい。どう？」

サー・アレグザンダーとレイディ・ギブ夫妻には――上流の人々によくあるように――ハンプシャーの屋敷のほかに、ロンドンに別宅がありました。ロンドンの中心部、セント・ジェームズ・パークにほど近いクィーン・アンズ・マンションズは、住宅用の建物としては当時のロンドンで一番背の高い建物でした。

ハンプシャーの本宅からロンドンの別宅へ、メイはレイディ・ギブについて週に三度、ロールスロイスで向かいました。メイの役目はレイディズ・メイドという、レイディ・ギブのお供や身の回りの世話です。ロンドンの広大な公園を散歩したり、一日中縫い物をして過ごすこともあり、田舎のカントリー・ハウスでの仕事に比べるとずっと楽でした。

レイディ・ギブはわが身をもてあますほど太った、大柄な方だったそうです。

ある日、お風呂場で事件がおきました。浴槽に入ろうとしたレイディ・ギブが足を滑らせ、バスのなかへ転倒してしまったのです。大柄なうえに自分を支える力がなくて、レイディ・ギブは身動きがとれず、成り行きにまかせっきりでした。側にいるはずのメイが見当たりません。

「メイ、メイはどこ。どこにいるの。」

「………」

「メイったら。起こしてちょうだい。早く……」

するとどこからともなく、鼻水まじりのかぼそい声がしてきました。

「はい……ここに……おります……お……奥様の……し、下……でございます……」

レイディ・ギブが倒れたとき、入浴を手伝っていたメイはバスのなかにひきずりこまれてしまって、その下になったのでした。困ったレイディ・ギブがバスのなかでただ助けを待っている間、メイは鯨の下敷きになった小亀の体でした。レイディ・ギブの巨体に敷かれて苦しくても、手荒なことはできず、声もあげられずに、あっぷあっぷしていたのです。

メイが自分の下敷きになっているとわかっても、レイディ・ギブはどうしてやることもできません。やがて巨体の下からなんとか抜け出したメイの、全身ずぶぬれになった姿、メイを溺れさせずにすんだレイディ・ギブの顔、そしてふたりが交わした表情を――現代では信じられないほど大きな昔のバスタブとともに――想像して、夫と私はもちろん、当のメイまで加わって、三人で大笑いしました。危険をはらみながら、どこか悠然としていて、ユーモアのある珍事に。

メイドにあたえられる休日が、わずかな日数であることは上述しました。そういう貴重な休日にも、メイはどこにも出かけないばかりか、お金のかかることは一切しません。映画を観に行くでもなく、劇場に足を運ぶでもないことに気がついたレイディ・ギブから、ある日お訊ねがありました。

「ねえ、メイ。お休みなのに、どうしてどこにも行かないの。お金をつかえないわけでもあるの?」

「はい、奥様。……母と姉に送金いたしますので。」

するとレイディ・ギブは一ポンド札を取り出して、

「はい、これはお小遣い。お給金とは別よ。」

でもメイはこれも家に送金してしまいました。すると母親からレイディ・ギブの心遣いに丁重な礼状が届きました。それを受け取ったレイディ・ギブは、メイドの母親から手紙が来た、と大変喜んだそうです。

お金だとメイは全部送金してしまい、自分のためにはつかわないことを知ったレイディ・ギブは、メイに従者を付き添わせて、映画や劇場に行かせました。主人夫妻の身の回りの世話をする従僕といいますか、男性の使用人が三人いて、信頼できるウィリアムが選ばれました。

お供を従えてリージェント・パークで観劇したり、散歩したり、「まるで貴婦人になったような気分だった」とメイの顔がほころびます。

レイディ・ギブの家にはメイドが十人もいました。メイは奥様付きのいわば侍女でしたから、いつも主人夫妻といっしょ、寝泊まりも主人夫妻と同じ階でした。いちばんのお気に入りだったのでしょう。階段なども、メイは奉公人用の裏階段を使うことがありませんでした。それだけに、他の奉公人とは朝夕の挨拶をするぐらいで、言葉をかわすこともないのです。同僚のいない一人ぼっち。友だちもつくれず、淋しくてホームシックになってしまいました。

そういう時には屋根裏部屋にあがって外を見ては、故郷、湖水地方の山々をみたつもりになって、自分をなぐさめたそうです。そういうメイに姉のアギーはよく手紙を書いて、母親のこと、近所の人たちのことなどを知らせてくれました。そのアギーから、「母さんの病気が重くなって、夜の付き添いがいるようになりました。帰ってこられない？」という手紙がきたのです。家に帰れる！　という思いにメイは飛びついて、レイディ・ギブに告げました。

「辞めさせていただかなければならないことになりました。」

最後までレイディ・ギブはメイを手放したがりませんでした。

「残念なことになってしまったけれど、あなたにはお母さんがいちばん大事だから、とめられないわね。お母さんの病気が良くなったら、またここに帰ってくるのよ。いつでも待っていますからね。だからお別れは言いません。」

旅立ちの日、夜十一時半ユーストン発、翌朝六時半カーライル着、という汽車に乗る予定のメイを、レイディ・ギブは自家用車で駅まで送らせました。運転手と別れたあと、その晩はその汽車がないことがわかり、急遽宿を探さなければならなくなりました。カナダやニュージーランドへの移民を世話したり、働く女性たちのために諸設備のある、ガールズ・フレンドリ・ソサエティのメンバーだったメイはそこに行きました。ですがバッジをつけていないからというので、懇願しても泊めてもらえず、次に救世軍に一夜の宿を頼みましたが、ここでも断られました。仕方なくそのまま駅にもどってベンチで待ち、午前二時半頃の汽車に乗ったそうです。

数年前、イギリスの鉄道は民営化されました。ところが事故が相次いで、現在は大混乱しています。ふつう一時間前後で着く距離に数時間かかる、という昨今ですけれど、メイのこの話を聞いて、昔からあまり変わってないんだな、と思いました。

メイは駅構内を往き来する人たちの目にとまらず、誰にも邪魔されなかったのがせめてものさいわい、ユーストンには二度と来たくないとそのとき思った、とめずらしく表情を硬くして言いました。

お茶によんだりよばれたり、時には食事に来てもらったり、野生のこの花があそこに、あれがここに咲いた、などと言いながら一緒に出かけたりして、メイと私たちのおつきあいは少しずつふえました。メイと三人でパブなどに行くと、知らない人たちが親しげに話しかけてきて和気藹々《わきあいあい》の雰囲気になったり、たのしい、めずらしいことに出あいます。知り合ったころのメイはもうすでに一人暮らしでしたから、外に出る機会をとても喜んでくれました。ちょっとした買い物に行く時でも、声をかけると笑顔ですぐ支度をして出てきて、こちらが用事をたしている間中、

「車のなかから世間をのぞき見するのがたのしい。」

と言って待っていてくれるのでした。

時には半日、一日と遠出をしたこともあります。九十歳を越えるというのに、外界への好奇心は少しも衰えていない上に、昔みた湖や丘の風景が思い出を触発するようでした。何十年も昔の、いろいろな話をしてくれました。そういうある日——メイの誕生日だったかもしれません——私たちはメイが働いていたコニストン村の屋敷まで、ドライブすることにしました。およそ一カ月に一度、母親の顔を見に帰宅するときに通った思い出の道です。

車に乗り込んでから、私たちの計画を聞かされたメイは、もう大喜びです。

「まあまあ、なんてすばらしいんでしょ。こういう日がくるなんて、誰か思った人がいるかしら?」

何年ぶりかでコニストンに行けるというので、メイは興奮しています。

「なんてまあ、おどろくわねぇ。」

自分を相手に感嘆する声が、説明の合間に聞こえてきました。

コニストンで勤めていたころは、一週間に半日という休みをためて、三週目ごとに丸一日休みました。コニストン、ラングデイル、レッドバンク、グラスミア、そしてケジック……

今日はこれを逆に辿ります。

いま車で走っても、一時間以上はかかる六十キロの道のりを、メイは自転車で通いました。三十代から四十歳代はじめのメイは、三、四時間、時には五時間もかけて、起伏の多い山道を走ったのです。

メイの時代の道路ではなくなったものの、私たちもよく通る道です。話を聞きながら同じ道筋を辿るうちに、道路は少しずつ、いつもとは違うものになってゆきました。メイがコニストンで働いた、十何年間かのドラマにみちた舞台に変わっていったのです。

たとえば、グラスミアのはずれにダンメイル・レイズという丘があって、そこにはかつて、見張りの兵士が立っていた検問所が今でも残っています。ヨーロッパでは一九三九年に第二次世界大戦が始まりましたから、ここを通りかかる人は身分証明書をみせなければなりませんでした。

三週間に一度、規則的にここを自転車で通る女性が、母親の顔を見に家に帰るというのでメイは有名になってしまったのでしょう。往きには「お母ちゃんのおっぱいを飲みに帰るのかい」とからかわれ、月曜の朝、母親にお茶とトーストをたべさせてからコニストンに向かうときには「哺乳瓶はいっぱいになったかね」と言われるのが常だったとか。でも特別親切にされたこともあって、戦時中、兵士に軍用車で自転車ごと家まで送ってもらったこともあるという、いかにもメイらしい話も出てきました。

あるいは呼吸困難になった母親を抱えて困った娘の話。助けを求めて家の外に出たところにメイが通りがかり、求められるままに家のなかに入ると、灰色の顔色をした母親が力もなく横たわっていました。仰向けになっているその人を横に転がして、背中をポンと一つ叩いたところ、ウッと声をもらしてそれから呼吸しだしたとか。のどに食物をつまらせていたのでした。次にそこを通りかかった時、命の恩人だからとお礼を言われて、大きな札を握らされました。

「困っていたから、助けただけで、お金は受け取れないって言ったの。お金をもらったりしたら、自分が困ったときに助けてもらえなくなるかもしれないでしょ。お金だなんて気分を害するって言って、引っ込めてもらったの。」

実際、メイが自転車をこいでいる最中に気分が悪くなって、農家に飛び込んだところ、お茶とビスケットを出して休ませてくれた、ということもあったそうです。助けたり助けられたりの舞台となった二軒の家は、周囲にほとんど人家のない所にあって、車で走っていると隣同士のように近接していました。

湖畔の村コニストンにブラック・ブルというパブがあります。メイがこの地で働いていたころの同僚に、メアリという女性がいました。このパブはメアリの娘さんが、ご主人や息子さんと経営しているのです。思い出をたどるドライブの途中、昼食をするにはおあつらえ向きです。

食事をしていると、メイが来ているという話を聞きつけて、七十歳になったばかりのメアリが出てきてくれました。カウンターでお客の相手をしていた若い男性も私たちのテーブルに挨拶にきます。メアリの孫でした。メイのことは話に聞き、会ったこともあるらしい様子で、メイの手を取ってなつかしそうに話します。私たちは感心しました。若者がこんなに礼儀正しく、うれしそうに一人の老女と話をする——いまどき大変な、すごいことではありませんか。

ひさしぶりに昔話やコニストン村の未亡人たちの噂話をひとしきりして、メイとメアリは満足そうでした。私たち三人は昼食をすませ、名残りをおしみながらブラック・ブルを後にします。メイの指図にしたがって、ブティクやおみやげ屋が並ぶ村の中心部を通り抜けると、道の両側に家はなくなって、牧場が広がっています。やがて、行き止まりのようにみえる所までくると、メイから合図があって、車を降りました。

ご大層な門構えはないけれど、鬱蒼とした木立、その下の奥に通じる細い舗装道は屋敷の入り口であることを語っています。建物は見えません。メイが昔働いていた屋敷に着いたのでした。メイは車を降り、何も言わず、杖をついて、まっすぐ歩きはじめました。門を入るとき、「屋敷」のなかに入るのだ、という緊張感が一瞬ありました。日本の「無断立入禁止」に等しい意味をもつ「プライベート」の立札はありません。けれど、札がかかっているも同然の、私的な領域のなかに入るときの緊張感です。

「どうする？　入るの？」というつもりで夫を見ると、彼もメイ任せの様子です。どうするのかな、入っていいのかしら、と思いながら見ていると、メイは黙ったまま、少しも歩調を変えず、ゆっくりと、でも立ち止まらずに、ゆるやかにカーブしている坂道を上ってゆきます。引き返すつもりはありません。坂道にかかって腕を貸した私は、もう一本の杖で、こうなったらメイについてゆくしかない、と思っていると、巨大な犬が一頭突然姿をあらわしました。私はぎくりとしました。

大分前、イングランド南西部のイースト・コウカーという田舎で、私は犬に襲われかけたことがあります。あるはずの所にない教会、誰かに訊くにしても、人の姿はどこにも見当たりません。歩道から少し離れた住民用らしい、小さな駐車場で家族が荷物を車につみこんでいました。ほっとしてその駐車場に向かって歩きだした私は、夫婦と子供三人のなかに濃い茶色の犬がいて、それがこちらを向き、一家の群から離れ、突然、私めがけて、猛スピードで走りだしたのを見ました。ゆっくりとした場面転換でも見るかのようで、一つ一つの動きがはっきり見えました。

立ち止まったらかえって危険になりそうな気がして、歩調をおとして歩きつづける私は声も出ません。この犬が跳びかかってくるのは確実、どうしよう、と思いながらも、呪縛にかかったようで、どうすることもできません。そのとき、何か気配を感じたのか、奥さんらしい人が振り返りました。走る愛犬を見、その先にいる私を見て、あることを予見したのでしょう。

「……！」犬の名前を一声、鋭くよびました。主人から飼い犬へ、絶対の命令を伝える呼びかけ。その瞬間、犬は信じられないほど見事に止まって、私は無事にすんだのです。

あのときはこれほど私的な領域ではなかったのに、犬が跳びだしてきて、あぶない目に遭いました。それに比べると今日はまぎれもない屋敷内、どこからどういう番犬が跳びだしてくるかわからない。こわごわしている時に、とんでもなく大きな犬が現われたのです。

犬はまず夫をかぎまわり、次にメイをかぎまわって、最後に私の番になったときにはもう評価はすんだ、とでもいうふうに簡単にすませました。感心に吠えませんけれど、警戒は怠っていないふうで、私たちを見守り、ときどきかぎまわりました。騒がれないように、嚙みつかれたりしないように、私たち三人はかわるがわる声をかけます。

「こんにちは、こんにちは。」

「大丈夫よ、何も悪いことはしないわよ。」

「私たちは悪人なんかじゃありません。」

「おまえはなかなか立派な犬だねぇ。」

動植物のことをよく知る知人が教えてくれました。「人間は背が高くて大きいから、犬でも、牛でも、動物は人間を恐れている。動物の目をじっと見据えて、人間のほうが主人だ、恐ろしいと思わせれば、大丈夫。怖いことはない。」

それを思いだし、犬の顔を、目を見据えるようにして見てみると、むこうも平然として、見返してきます。こちらの方が負けです。

「ああ、もう駄目。とにかく嚙まれないようにしましょう、それしかできないわね。」

そんなことを言いながら、五、六十メートルほどのドライブをおそるおそる上がってゆくと、子犬が二匹加わりました。そのうち家の裏側でも別の鳴き声、それがするかしないうちに、セント・バーナードやら年老いた黒いラブラドルなどが四、五匹出てきて、ワンワン、ギャンギャン、大変なにぎやかさです。

ドライブを歩いているとき、一度後方から車が来ましたけれど、私たちを無視して、通り越してゆきました。犬がこれほど騒げば、誰か気がつきそうなものなのに、誰一人出てきません。とうとう玄関口の前の石段の下に着いてしまいました。私たちは自然に立ち止まり、私はメイから腕を放しました。するとメイは、大小の犬がうるさく吠えるのを少しもかまわず、開けっ放しの玄関口にむかって石段を上ってゆきました。夫と私は取り残された感じです。

「そのまま家の中へ入ってゆくつもりかな。一歩踏み入れたとたんに犬に襲われるなんてことはないのかしら。」

はらはらする私をよそに、メイはつと立ち止まって、蔦におおわれた壁に手を伸ばしました。一瞬おくれて、呼鈴を鳴らしているのだとわかりました。その後ろ姿を見ながら、私は心底感心しました。

「メイはなんて立派なんだろう。堂々として、落ちついている。それというのも何もかも知っているからなんだ。この家のことは呼鈴の位置までおぼえている。」

ベルは鳴ったはずなのに、戸口は空のまま。ふたたび心配の波にさらわれかけていると、老紳士が戸口に現われました。メイと同じような年格好です。めがねをかけ、髪をきちんと分けていますけれど、チェックのシャツは腕をたくしあげ、ゴム長靴をはいて、いかにも庭仕事をしていた、といういでたちです。ズボンの腹部が異様に大きく、突き出ていました。ビール腹などという自然なものではなく、何かの器具をお腹に抱えている感じです。

老紳士は自分の前に立つ人がメイだとわかると、目を輝かせ、驚きと喜びの声をあげて、ゆっくりと両手をあげ、彼女の顔をはさんで頰に口づけしました。心づかいのやさしい、紳士らしさのこもったそのしぐさ。挨拶をすませたメイに紹介されて、私たちは彼と握手を交わし、家の中に招き入れられました。メイが昔仕えた、ミスター・ジョンです。

「どうぞ、おかけください。」

私たちは犬の臭いがしみついた、昔は見栄えも座り心地も満点だったろうと思わせる長椅子に座りました。メイとミスター・ジョンは、家族、知り合いの人たちの消息を数年ぶりに交換しています。窓から見える木は主に高い木々で、灌木らしいのも少しあります。足元の絨毯はペルシアの年代物、でも端々がすり切れています。壁際には立派なサイドボードがあって、一六九四年という数字と、注文主なのか、作者なのかわからない、人の名前が彫ってあります。その横に青貝入りの中国風の屏風があって、その周囲にはロングケース・クロックという、大きな振子時計がいくつか。

室内の家具はどれも由緒ありげで、良い物なのに、どれも皆、手入れを受けずに荒れています。かつて目を留める人がいたからこそ、そこに集められたに違いないのに、物たちが顧みる人を失ったことはあきらかで、痛ましい、と思いました。主人の怠慢、無関心、家の没落、人手不足など、それなりの原因があるのでしょうけれど、物はそれを愛する者が手をかけないと、荒れすさぶという、誰かの言葉を思いだしました。

話しこんでいるメイとミスター・ジョンの様子を見ていると、たとえ五十年近い時間が経過した後のこととはいえ、主人と使用人という間柄だったとは思えないのです。それほど対等で、親近感にみちて、いかにも旧友、という感じです。日本でたとえば、志賀直哉のような人の家で仕えた女中さんが、辞去して半世紀後にそのお子さんと会うというとき、二人が友だちのように語り合う、なんてあり得るでしょうか。ちょっと想像できません。イギリスでも「分際」は同じような働きをします。

ただの「ジョン」でもなく、「ミスター・ヘザリントン」でもなく、「ミスター・ジョン」と呼ぶメイ。その呼び方自体が、ふたりの関係が主従のものであったことを教えてくれます。メイはジョンという若者の親に仕えたので、「ジョンお坊っちゃま」と呼び、それがそのままつづいているのでした。

レイディ・ギブのところを辞めて故郷に帰ったメイは、間もなくヘザリントン夫人――ミスター・ジョンの母親――の元でメイドに入りました。夫人の元でメイは最後にメイド頭になり、夫人の死後は息子ミスター・ジョンの家政婦をつとめました。家政婦はすべてのメイドの上に立つ、責任の重い家政の総括者であり、女性家内労働者のトップです。

けれどもヘザリントン家に入ったばかりのころは、先輩のキチン・メイドにいろいろ意地悪をされました。たとえば、休日の昼食後に友だちと山登りをして帰ってきて、夕飯を待っていたところ、「休日の奉公人には夕飯なんかないの」と言われて、お腹をすかせたまま床についた話。

「健康のためにはかえってよかった。お腹が空っぽのまま眠ったおかげで、私は今こんなに元気なんですもの。」

また、また、聖人みたいな……私はちょっとメイをからかいたくなりました。

「そんなこと言って、メイ、健気すぎるわよ。ぜんぜん怒らなかったの?」

こう言いたかったのに、のみこみました。メイの言い方には皮肉っぽいところが少しもなく、思っていることを思うままに言っただけ、という調子だったのです。それに一理もあります。私は「ま・い・っ・た、降参だ」と、思いました。

メイの人生の中心は母親。どこにいても、何をしても、母親が念頭を離れなかった印象をうけます。コニストンに行ってからも一番の楽しみは、母親の顔を見に帰宅することでした。六十キロあまりの道を自転車で、時にはずぶぬれになりながらも、帰って行く価値がありました。ところが雇い主のヘザリントン夫人も病気がちで、夫人の具合が悪いときは、休日のその日になってから、急に家に帰らせてもらえないことが時々あって、何度か辛い思いをしたそうです。

ヘザリントン夫人は当時の上流婦人らしく、時と場合に応じて、日に何度か着替えをする人でした。その点ピーターラビット物語の作者、ベアトリックス・ポターは全然違っていました。何日同じ物を着ても平気、破れたペチコートをはいていても少しも気にせず、かえってメイのほうが気になって、ぬがせ、繕ってあげたりしたそうです。ベアトリックス・ポターは一九一三年、ホークスヘッド近くのソーリー村に住む弁護士と結婚、ミセズ・ヒーリスの名前で通っていました。

結婚してからは、物語を書いたり、絵を描くことが少なくなっていたせいもあるのでしょう。ベアトリックス・ポターは若いころからあたためていた、農業に従事したい夢を実現し、そういう生活を誰にも邪魔されたくなかったのです。ピーターラビットの作者であるとか、その他の童話を書いた作家であることは極秘にしていました。ですから、作家ベアトリックス・ポターとミセズ・ヒーリスを結びつけた人は、地元にはいなかったということです。

ベアトリックス・ポターが書いた本の印税でミセズ・ヒーリスはつぎつぎに地域の農場を買い、農業と湖水地方の自然保護に力をいれました。特に湖水地方独特の羊、ハードウィク種の保存と育成に熱心に関わり、品評会で審査をしたり、自分も出したりして、地域の農民に高く評価された、と有名です。なりふり構わないとか、女性を相手にしない、とかいったふるまいも手伝って、風変わりなミセズ・ヒーリス、という評判は周辺で高かったのでしょう。

当時、ミセズ・ヒーリスはヒル・トップに住んでいました。ヒル・トップは湖水地方最大の湖、ウィンダミア湖の西側にあります。

「ミセズ・ヒーリスは身なりや体裁を一切気にかけない方でしたね。古着のようなツィードのスーツを着たっきりでした。羊の世話でお忙しかったんでしょうね。農場をあちこちにお持ちで、手広く牧畜をなさっていましたから、その方面で有名でしたよ。地元のお百姓たちに尊敬されていましたね。」

「ミセズ・ヒーリスとはじめてお会いしたのは、ある日『メイというメイドがいます？』っておっしゃって、ヘザリントン邸にいらしたからなんです。私のことを聞いてきた、髪の毛を切ってほしい、って。お持ちになったシーツを食堂で広げて髪を切っている最中にミセズ・ヘザリントンが入っていらっしゃいまして、びっくりなさってましたね。他人の家に来て、なんておかしなことをする、とお思いになったんでしょう。」

「でもその後は変わった方だということに慣れて、ミセズ・ヒーリスがお屋敷にいらっしゃっても大丈夫でした。それで私はときどき台所でミセズ・ヒーリスの髪を切ったり、結ったり、洗ってさしあげました。気取ったり、派手なことや、めだつことがお嫌いな、相当変わった方でしたけど、いい方でした。お礼にって動物なんかのスケッチを何枚かいただきまし

たんですけど、人にやってしまって……こんなに有名になるなんて、予想もしませんでした
ね。」

メイはコニストンのヘザリントン邸で十数年勤めたあと、母親の病気を理由に辞めました。自分の都合でやめるのだから年金はつかない、とミスター・ジョンに言われて、「母が私を必要としておりますので、辞めなければならないんです。年金はつかなくても、母のほうが大事ですから」と言って辞めたのでした。

『英国のカントリー・ハウス』によると、すでに十九世紀に、カントリー・ハウス勤めの人が年金生活をしているエピソードがあります。そういう法律があったのか、あるいは館独自の定めだったのか、一定年数を働くと、年金をうける仕組みがあったようです。

年金を受け取るようになるには、あと少し働かなければならない規則のようなものが一方にある。他方にそれを待てない切迫した事情があって、十数年、親にも自分にも仕えた使用人がどうしても辞める、と言っている。雇い主がその気にさえなれば、寛大なところをみせて、特別有能なメイドにちょっとした特別扱いはできたはずです。にもかかわらず、ミスタ

ー・ジョンは、特別に取りはからってやろうとはしなかった。あと少し勤めればつく、という年金をあきらめさせた理由は、それほど切迫した事情とは何だったのだろう、と疑問がわいてきました。

メイは母親の病気を辞職の理由にしましたけれど、そのとき特に、あるいは急に病状が重くなった、という話は聞いた記憶がありません。どうもこの話はちょっとおかしい、母親の病気は口実だったのではないか。

こう勘ぐったのも、メイの話では、ミスター・ジョンの結婚に問題があったからです。相手の女性は村の娘で、大変な美人でした。けれど、素性、人柄、品行の面で問題があって、母親のヘザリントン夫人はこの結婚に反対だったというのです。ヘザリントン夫人はインドで従軍していた英国軍人の妻で、船が難破して未亡人になったあとは、由緒ある家柄を守り、息子ミスター・ジョンを一人前にすることだけに生きた人でした。その息子が、美貌以外に取り柄のない女性との結婚を言い出して、心を痛めていたのです。

メイはヘザリントン夫人の立場や気持ちがよくわかりました。夫人亡き後、ミスター・ジョンに代がわりして、彼の家政婦になってからは一層、家柄にふさわしい主人の名誉を守らなければならない、という気持ちでした。そういう事情があればこそ、ある夜半過ぎ、この女性がミスター・ジョンに会いたい、と言ってきたとき、

「ヘザリントン家はこんな時間に未婚女性の訪問を受けるような家ではございません。どうぞお引き取りください。」

力ずくで中に入ろうとする彼女を玄関払いしてしまいました。家政婦というのは大変権威のある地位だったのです。後でこのことを報告したときに、ミスター・ジョンにも、「それでよかった」と言われたそうです。

ミスター・ジョンは母親の存命中には結婚しませんでした。ヘザリントン夫人には一人息子の自分だけが頼りなこと、その母が自分の恋愛と結婚に反対なことを知っていたからでしょう。けれども夫人の喪があけると間もなく、彼はこの女性ととうとう結婚することにしました。

結婚する、と彼が告げたときに、メイは辞めることにしたのではないか。この女性が結婚して家に入ってくれば、主従の関係から、太刀打ちできる相手ではありません。頑として彼女を寄せつけない態度をとった分だけ、辛い目にあわされる、とメイは見通したのではない

でしょうか。そうならないうちにと、母親の病気を口実にして、身を退くことにしたのでは……。

ヘザリントン邸を後に、帰途についた車中で、結婚後ミスター・ジョンは子供たちに恵まれたこと、メイは辞めた後も彼の一家との交流が完全にはなくならなかった、などと話してくれました。

「それでその結婚はどうだったの。ミスター・ジョンは幸福なの？」

「亡くなった奥様のご心配があたりましたね。……お相手は大変派手な、お金遣いの荒い方で、ミスター・ジョンは土地財産をずいぶん失くしておしまいになりました。」

ヘザリントン邸を最後にメイは奉公生活をやめました。ヘザリントン邸に勤めている間に第二次世界大戦も終わり、世の中はすっかり変わってしまいました。もうカントリー・ハウスの時代は遠く過ぎ去っていたのです。

縫製工場に就職したとき、メイは四十歳過ぎ、慣れない世界に入りました。挨拶もろくにしない人々のなかにあって、「おはようございます」「ありがとうございます」などと礼儀正しいメイは「レイディ・メイ」とあだ名されて、最初はずいぶんからかわれたそうです。そのうち、彼女の仕事の腕と、生来の頭の良さが同僚たちに認められ、人柄が慕われるようになりました。職場の喧嘩や酔っぱらいの仲裁までさせられるほどでした。

一九六〇年に長患いをしていた母親が亡くなります。母親の死をメイがどう感じたか、不思議なことに聞いたことがありません。母を失った悲しみはもちろんあったでしょうけれど、長年の闘病生活から解放されたことを、メイは母親のために喜んだかもしれません。長い看病をし尽くして、安らかな気持ちで母の死を受けいれ、別の意味で解放された安堵感を姉といっしょに味わったかもしれません。メイは死について淡泊だという印象で、死をあるがままに受けいれ、死者が生きていたときの話をします。メイの話に出てくる母親はいつも生きていて、何かをし、メイに何事かを教える人です。

七年後、縫製工場を定年退職。一九七五年、同じ村からニュージーランドに移住したマーサ・ベルに招待され、メイは姉アギーとニュージーランドで思い出に残る長旅を楽しみました。メイにとっては最初で、最後の海外旅行です。

メイとマーサは幼友だち。マーサの一家が一九二六年にニュージーランドに移住した時、メイと大の仲良しだったマーサは、メイやメイの母親と別れて行くのがいやで、自分だけ残りたがりました。メイの母親はそういうマーサをいじらしく思い、一時は手元に引き取ろう、と真剣に考えたそうです。でも結局、マーサは家族と移住しました。以来メイとマーサは文通で友情をあたためつづけました。ニュージーランドでマーサの一家は成功し、マーサ自身も良縁に恵まれて、幸せな家庭を築いていました。この招待はアイスルのこと、村人たちのこと、メイ一家のことを何十年もの間、忘れずに書き送ってくれたメイに感謝してのことでした。

この旅のエピソードはメイならではの、楽しい話にあふれています。

「マーサがファーストクラスの切符を送ってくれたのね。飛行場では通路に赤い絨毯が敷いてあって、そこを歩いていったら、着いた先が一等席だったわけ。機内は何もかもきれいで、人は少ないし、気持ちがよかったわ。それに他のお客さんやスチュワーデスたち、皆さんに親切にされて、とっても快適だったの。空の旅ってあんなに良いものとは思わなかった。」

大爆笑の珍事もありました。

「お小遣いをなくさないようにって、下着に縫いこんだの。上をピンでとめて、その上に洋服を着て、すましていたわけね。搭乗のとき、安全チェックの機械がそれを探知して、警戒のベルは鳴るし、あかりはピカピカ点滅するし、もう大騒ぎ。何事か、この年寄りは何を隠しているんだ、っていうことになって、調べられて。事情がわかったときは、そこにいる皆で大笑いよ。」

そして衰えを知らないメイの冒険心。

「ニュージーランドでハンググライダーに乗らないか、って誘われたの。姉は断ったけど、私は願ってもない、たった一度の機会でしょ。お願いします、って乗せていただきました。飛行機からの眺めもよかったけど、ハンググライダーはずっと近いでしょ。もっといろいろ見えて、いい景色だったわ。いいえ、怖くなんかなかったわよ。ただもうすごーくきれいだった。」

七十歳近くなっても、まだお転婆娘だなんて、こんなすばらしいことってあるでしょうか。

楽しかった旅の翌年、予想外の不幸がメイを襲いました。最愛の姉、アギーが突然、脳溢血で亡くなったのです。姉であるというばかりでなく、メイドとして先輩であり、一生の伴侶であり、また自分を犠牲にして母親の看病にあたった同志でもありました。突然ひとりになって、メイは孤独感にうちひしがれました。納棺のときに別れをつげてしまうと、葬儀に出る気力もないほどでした。それなのにメイは気丈を装ったのです。

昼間は無理をして立派にふるまっても、夜の眠りのときまで自分を欺くことはできません。無理がたたって、メイは夢遊病にかかってしまいました。ある晩、気がつくと、ベッドで寝ているはずの自分が、村の中を流れる小川に立ちつくしていたことから、自分の異常を知ったのです。

裸足、寝間着の裾はびしょぬれ、とんでもない時間に、とんでもない所にいる自分。床に入ってからの記憶はまったくありません。なぜそこにいるのか、どうしてそこまで来たのか……。

「これはいけない、放ってはおけない。」

知らずにそんなことをするようでは、いつどんな事故がおきるかわかりません。勝手に動けないように、メイは自分の両足を縛りつけて、床についたりもしました。ちょうど夏でしたので、戸外で眠ることを思いつき、これが結果的にはよかったのです。

教会の入り口の前で丸くなって寝たり、森に入って、木の根元で眠ったりしました。他人に知られたくないことでしたので、朝の早い村人たちが起きだす前に家に帰りました。森のなかで眠ったその時期に、メイはいろいろな動物たちを親しく知るようになりました。巣ごもった小鳥たち、狐の迷子、赤リスたちなどと同じ森の中で眠ったのです。野生の鴨が子育てをする姿の可愛らしいこと。メイと動物たちは互いを恐れず、邪魔でもない。何のわけへだてもない友だちのようでした。

自然という大きな懐に温かくつつまれたメイは安らぎを得て、眠りにつくことができたのです。そうした日々が重なって、メイはだんだん回復しました。ふとした時に秋風を感じるようになったころ、特別早い村人と出会うことがあっても、すがすがしく、何気なく、「おはようございます。今日もいい日になりそうですね」と言えるようになっていました。

メイは医師に自分の症状を相談したそうですけれど、夢遊病を正しく診断できなかったということです。そして一九九〇年、メイはふたたび医師の過失を受ける身になってしまいました。お医者運が悪い人、としか言いようがありません。

腰が痛いので診て貰ったところ、注射をされ、それ以来足が悪くなって、歩行が不自由になってしまったのです。それまではアイスル周辺を隈なく、一日十マイルは歩いた人です。訴訟にもってゆくべきだ、と周囲の口うるさい人々は言いました。メイはまわりの騒ぎをよそに、恨み言さえいわないで、相変わらずほほえんでいました。

「足は悪くなったけど、口はまだ大丈夫。食べ物も食べられるし、おしゃべりもできるわ。」

私たちもメイがこう言うのを何度も聞きました。ストイックな精神というか、楽観的な性格というか、これこそがメイという人の個性であり、生きた時代や環境、境遇の作り上げたものでしょうけれど、とても真似のできることではありません。

こんなふうに気丈な話ばかりを聞き慣れていた私たちは、一九九五年にメイの大家さんが交通事故で突然亡くなって、気弱なことを言うようになったメイにぶつかりました。大家さんとメイは、二軒のコテジがつながる家の隣人同士でした。私たちは一度もこの大家さんに会ったことがありませんけれど、メイの話からうかがえる二人の関係は、仲の良い喧嘩友だちという感じでした。

メイははっきりそうとは言わなかったけれど、話を聞いている側には、この大家さんは、メイがアイスルで仕えた主人がメイドに生ませた人ではないか、という気がしました。就寝前のミルクの話を思い出さずにはいられません。大家さんは父親を知らず、母親一人に育てられた人で、自分の出生について聞かされた話を信用していなかったそうです。

メイがなにか確かなところを知っている、と大家さんは勘づいて、言わせようとした様子ですから、自分の父親はこういう人だという見当をつけていたのかもしれません。メイが言わなかったとしても、あるいは言わなかったからこそ、なおいっそう、父親についての自分の想像は当たっていると思っていたとしたら……。

アイスルを仲介にしたメイと大家さんの、ある特別な関係、お互いに知っていながら口にしないために、二人の間にはある特別なものがはたらいて、それで喧嘩をしながらもお互いを頼りあい、助け合って暮らしていたのではないかという気がしました。

大家さんには成人してそれぞれに家庭をもった子供たちが何人かいました。メイにも兄弟のような甥から孫のような姪まで、何人か親戚があって近しく往き来していましたけれど、二人ともふだんは一人暮らしでした。朝、垣根越しにおしゃべりをしたあと、

「じゃあ行ってきます。お昼までには帰ってくるつもり」と言って別れた人が交通事故で、

そのまま帰らぬ人となってしまったのですから、メイのショックはわかりすぎるぐらいです。頼りにできる、親しい隣人がいなくなった、急に寂しくなった、これからはますます……と途方にくれたことでしょう。現実的な心配も出てきたはずです。隣の家はどうなるのだろう。持ち主が替われば、家賃は値上がりするかもしれないし、三十年も住みなれた家を追い出されることになるかもしれない、ホームには入りたくない、と心配になってきたとしても当然です。

けれどさすがにメイの人徳でしょう。現在のアイスル館主をはじめ、人々が動いて、メイはそのままその家にいられることになりました。その上、それまで黙っていたために知られなかったメイの窮状も社会福祉関係者の知るところとなって、年齢や状況にふさわしい社会保護が受けられるようになりました。

ミスター・ジョンの言うことを真に受けて、メイは年金をあきらめていたのかもしれません。受けられるようになったことを、「これで何とか暮らせる、と安心できたのがとてもうれしかった」と話してくれました。メイは福祉国家の時代の人ではありません。自分の世話は自分の責任、という考え方に教育されて生きてきた人ですから、こういう境遇だからこういう保護を受ける権利がある、ということは考えもせず、知りもしない。

支給される年金を有難く受け取っていたのでした。年金といっても、額はごく少額だったのだと思います。具体的な数字を言ってくれたわけではないのですけれど、話を聞いていて、どうやらほとんどは家賃の払いに消えていたようでした。

大家さんの死によって、暗いどん底に突き落とされたメイは、またそのことが契機になって、どん底から掬《すく》い上げられたようです。住まいの面でも経済的にも、心配事から解放され、高齢の一人暮らしから来るさまざまな不安が一挙に消えたのです。メイの日々はまた落ちつきを取り戻しました。そういう幸せが頂点に達したのが一九九七年、メイ九十歳の誕生日です。

私たちは当日、カードとささやかな贈り物を持って、メイを訪ねました。しばらく会っていませんでしたけれど、いつもより元気そう、しあわせそうです。友だちと二人で忙しくカードを開封しては、祝福の言葉を読みあげあっているところでした。この日、暖炉には花瓶や鉢におさまった色とりどりの春の花が幾杯も、幾鉢もぎっしりつまっていました。マントルピースやテレビの上など、いつも置き物がある所には何十枚というカードがならんでいます。冬にメイを訪ねたときは、この暖炉に豪勢な火をいれて迎えてくれ、私たちは大変感激しながらお茶をいただき、おしゃべりをしたことを思いだしました。

「すごいわね、たくさんねぇ。何枚ぐらいきたの？」

「そうねぇ、九十五枚までは数えたんですけどね……あとはわからなくなっちゃって。まだまだ、ここにもあるでしょ、ほら。」

小さなものから村の子供たち特製の巨大なカードまで、色も形も大きさもさまざまです。それほど多くのカードが集まったのに、まったく同じカードは二枚しかない、という話になったところで、私たちも差し出しました。日本の絵はがきを組み合わせ、貼り合わせて夫が作ったカードです。芹澤銈介がデザインした春夏秋冬の文字を組み合わせて、カードに仕立てたそのなかに「いつの季節にも、どんな時にも淑女のメイ、お誕生日おめでとう。いついつまでも元気で、長生きしてください」と書きました。

「まあ、ありがとう。珍しい、きれいなカードね。これはこれっきりで、二枚同じ物はありえないわね。大事にするわ、ほんとにありがとう」と言ってくれました。お祝いの品にと添えた日本製の絹のスカーフをひろげて両肩にかけてみせ、これまたよろこんでくれました。その後もおしゃれをする時にこのスカーフをつけてくれていたのを見、とてもうれしくなったことがあります。

「今日はこれから甥とお嫁さんがディナーに招待してくれるんですって。とっても楽しみなのよ」とにこにこしています。

そして五月七日の誕生日から二、三日後の週末、こんどは村人たちがメイのために盛大なパーティを開きました。メイと特に親しい人たちが中心になって、極秘で用意したのです。「ホールで村のボーリング大会をするから」と誘われて、そういう会には欠かさず出ることにしているメイは会場に着いたとたん、大勢の村の人たちや親戚たちに囲まれました。ワゴンで巨大なバースデー・ケーキが運びこまれて「ハピー・バースデー・トゥ・ユー」の大合唱がメイを迎えました。

ケジックにある中学・高校、ケジック・スクールからは合唱隊が来て歌ってくれました。そして親しい村人たちが作ってくれたさまざまのご馳走を、愛する甥や姪たち、隣人たちに囲まれながら楽しんだのです。大勢の人々に祝福されてよろこぶメイに、カメラのフラッシュがいくつも光って、この日のパーティは大成功でした。感謝のスピーチをしたメイは大変落ち着いていて、スピーチに慣れた人のようだったそうです。バースデー・カードは結局百五十五通になった、とあとでメイから聞きました。

それもこれも村人たちが、メイのしてくれることに心から感謝して、この特別な誕生日を祝福してくれたからでしょう。姉アギーが亡くなって一人になってから、メイは以前より積極的に村の人たちの生活にとけ込むように努め、いろいろな人に親切な行ないをしてきたそうです。不自由な足を杖でかばって歩きながら、もっと不自由な人たちのところに新聞を届けたり、若い夫婦が週末に出かけられるように子守りをしたり、病人がでると何日でも看病を手伝うといった善行は、数限りないようでした。

アイスルの存在も、一人暮らしの寂しさをまぎらわすのに一役買いました。アイスルではウィルフレッド・ロースンが一九三七年に死去、夫人だったレイディ・ロースンがアイスルに戻ってきたものの、一年後には亡くなり、その跡を継いだ甥も死んで、一九六〇年には新しい主人を迎えました。マーガレット・オステン＝リー夫人です。この頃メイはすでにアイスルの隣村に住んでいて、母親を失った前後でした。アイスルを誰よりよく知っているメイは夫人に請われるままに、屋敷に関わる話をしたり、屋敷の内外、周辺を案内したりして、夫人と親しくなったのです。

夫人はメイの物知りぶりや人となりが気にいって、信頼をよせたのでしょうけれど、これを快く思わない人たちもいました。オステン＝リー夫人の地位と財力に吸い寄せられ、周囲に集まった人々が二人の間に入ってきて、遠ざけようとしたのです。それでメイと夫人はそういう人たちを避け、屋敷から離れた道端や森の小道で密会したそうです。一緒に車で通りかかると、「その出入り口の木戸の前で、ミセズ・オステン＝リーと何回も会ったの」という所が何カ所かありました。まるで不義密通をする恋人同士のようだったのです。

メイは私たちと知り合ってからも、秘密諜報員、シークレット・エイジェントにかけて、「陰で奉公《シークレット・サービス》をしております」と、いたずらっぽくウィンクして言うことがときどきありました。メイの言う「陰の奉公」は現館主にも及んで、目覚ましの電話をかけたり、衣類の手入れをしたり、といった細かな用事をしてあげていました。オステン＝リー夫人には家政婦など、身の回りの世話をする人たちがいましたから、多少は違っていたでしょうけれど、メイでなければできないことをひそかにしてあげていた、という点では似たようなことだったはずです。

縫製工場に就職したときは四十三歳、現在九十歳を越えているメイは実際には「一生、ただのメイドだった」と力説するほど、メイド一点張りだったわけではないのです。いわば、三十年という通常の勤労年数、メイの人生の三分の一をメイド勤めしただけ、と言って言えなくもありません。普通に勤労生活をして六十歳で定年退職、その後は年金暮らしの老後だから、他の人と同じ、と。にもかかわらず、今なお「私は一生、ただのメイドだった」と言いつづけるのは……？

「ただの」という部分には遜《へりくだ》りと同時に、自負や自信も感じられます。アイスルの公開日に訪問者に昔話をしたり、テレビのローカル・ニュースに登場したり、思いがけなく脚光をあびるようになったメイの遜りと、それとは裏腹の自負や自信。「ただのメイド」はどこからくる、どういう意味のある言葉なのでしょう。

メイドとしてプロだったという自負はあきらかです。メイドという、人に仕える職業は、仕えるという行為をする側と、受ける側が上下関係にあります。しかも単に職場だけでなく、生活の全般にわたる上下関係です。これは職場を一歩離れると平等であり、対等であると考え、それを主張し、謳歌する現代ではわかりにくい関係です。

その上、大半の人にとって、仕事は生計をたてるための手段、収入を得るための手段でしかなくなった、という現実。物質文明化が加速度で進行している今日、仕事と収入はますます直結して、仕事を通して何か大きなものに――人であれ、物であれ、理想であれ――仕える、献身する、ということを理解するのは非常に難しくなっています。

今となっては過ぎ去った時代に、メイは仕えることを学びました。そして仕えることに徹した、と誇りと満足をもっているのです。誰にでもできる生き方ではない、いっそう辛かったかもしれない生き方にもかかわらず、なしとげたのです。メイの人生は、ただごとではない生の軌跡を語る、立派なものです。にもかかわらず、「一生、ただのメイド」と言い張るメイの、一見調子の低い言葉にこめられているのは何なのか、気になります。

一言で言ってしまうと、それは仕え、献身するということから来る、人と人、人と物、人と事との、生きた、力強い関係への讃歌のような気がします。平等と対等のなかで薄れ、弱くなってしまった人間関係のなかで、孤立している今の私たち。そういう私たちに聞かせる、不平等で不自由な関係が生んだ、強い絆への讃歌。

メイは亡くなった家族や昔の仲間、主人たちなど、アイスルで生き、働いたさまざまな人々について思い、語ることによって、過ぎ去った時や人々との絆を強くしたに違いありません。亡くなった人たちを思い、語っては、自分もあの人たちと同じ一員、と感じる。それが家族や仲間の暮らしたアイスル周辺の自然や風土への愛着へと拡大して、メイはアイスルとの繋がりをいっそう深め、強くした……。

与えられた役目をただ一生懸命果たし、生きてきたメイの一生は、アイスルと分かちがたく結ばれています。アイスルの歴史に組み込まれ、自然にその一部になっています。メイという一人の人でありながら、自分を超え、今現在という狭い時間の枠を超えたものとつながり、大きな構図のなかにしっかりとおさまっているのです。

「そう、これが私の人生。これでいい。」

こんな満足がメイの心を過《よぎ》っても少しもおかしくはありません。自分の人生に対する深い洞察と納得があって、それでメイは心安らぎ、自由に、豊かに生きているのではないか。こういうことがこういう形でメイの意識に上らなくとも、仕えることに徹した一生に対する確信と、「これでいい」という、自分の人生への不動の満足。こういう一切が「私は一生、ただのメイドでした」という口癖の意味であり、隠れた自負の意味なのではないか、という気がしています。

7 湖水地方

湖水地方はカンブリア州のおよそ半分をしめるイギリス最大の国立公園で、二十二万八千ヘクタールという面積は、東京都をすっぽりつつみこんでまだ余裕のある広さです。そこに十六のおもな湖と、イングランド一の（とは言っても千メートル弱の）高い山をはじめとする数多くの峰や、U字形の雄大な谷間などがある、水と緑の豊かな土地です。

十八世紀後半に観光地としての歴史がはじまって以来、湖水地方にはイギリス全国から大勢の人が週末に、夏休みに、そして最近では冬の最中でも訪れてきます。ヨーロッパ大陸をはじめ、外国からの観光客もふえつづけ、とくに近年は日本人がめだっています。湖水地方の中心部、ウィンダミアやグラスミア周辺で日本の人を多くみかけるようになったのは、テレビで湖水地方が紹介されて以来、特に、一度に数時間もの特別番組を連続放送している、と聞いたあとのことでした。

私たちがカンブリアに住むようになった一九八〇年代半ばに湖水地方で見かけた人々は、友人や家族づれといった小人数でした。町での疲れをいやし、自然とのふれあいを静かにたのしんでいる人たちが主で、あとは山歩きをする人々でした。湖水地方を歩く人たちから聖書のように思われていたガイドブックの著者ウェインライトが、そのころは八十歳代でまだ元気に山歩きをつづけていたこともあり、歩く人たちは彼のガイドブックをアノラックやリュックサックのポケットからのぞかせていました。

けれども現在は、小人数で湖水地方の自然を静かに味わっている人たちはずいぶん減ったという印象です。レジャーの多様化と動的なレジャーの流行で、ヘルメットをかぶり、マウンテン・バイクを乗り回す若者たち、スニーカーをはき、色とりどりのレジャー・ウエアに身を包んで、野山を遊び場にして楽しむ人の群れがはっきり目立つようになりました。世の変化につれて、湖水地方も変わったのです。

湖水地方の主人公は自然。全体の広さも、山の高さも、湖の大きさも、人間に合った、人間が何とかできる規模の穏やかな自然です。しかもそれに人間が数千年にわたって手を加え、その結果、人間的と言いたい自然ができました。湖水地方がここまで愛されて人気があるのは、人間がつくりあげた自然だからこそ、と思います。

それでいて多様性があり、主な所を車で二、三日でまわることもできれば、丹念に何年もかけて、山や谷や湖をたずね歩くこともできます。高すぎない山は「登山」という言葉より、ただ「歩く」と言うほうが似合いますし、登山を知らない、初めての人でも歩けます。もちろん、人を歓迎する峰や谷間ばかりではなく、人をなかなか寄せつけない厳しい斜面もあって、油断から、あるいは天候の急変で事故になることは今でもあります、特に冬の間は。

湖水地方を歩いていて一つ大変たのしいのは、創世の活動のドラマが目前の風景に重なってくることです。何百メートルもある山の頂上や高所にある岩石が、数億、数十億年前には、海中にあったことを示す形跡を見ると、ヘンデルの『メサイア』冒頭の句が高らかなひびきとともに、頭のなかで鳴りわたります。

神の御業《みわざ》により、あらゆる谷は盛り上がり、山や丘は低くなる。曲折はまっすぐに、けわしい起伏は平坦になる。

最近、私にとってこの「神の御業」は地中、海底の奥深くで絶え間なくつづく「地球の活動」に置きかわりました。地質学、地球物理学、古生物学などの新しい研究がテレビを通じて、地球は誕生以来、活動のやまない、力にみちあふれた生きた球体であることを教えてくれたからです。石や岩のように生命のない、不変な物の代表のように思っていたものが、生物学的な意味とは違う別の次元で、地質学的な長い周期のなかで生きているという発見は、なにか非常に新鮮で、よろこびに近いものをよびおこしてくれました。

私たちの目をたのしませ、心をみたしてくれる美しい風光のなかを歩きながら、肉眼の届かないところでつづいている地球の活動を想像する。そういう活動のなかで生き、絶えていったさまざまな生き物を思い、自分もそういう大きな生命活動の環のなかで生きる一個の生き物であることに思い至るとき、安心感のような、満足感のようなものがわいてくるのです。それは自然から私たち人間への、湖水地方にふさわしい、すばらしい贈り物のような気がします。

地球原初の活動か、あるいは何度目かの地殻の大変動によってできた山に、雪が降り積もり、古い雪は新しい雪の下で氷となって、氷河期に湖水地方一帯はスコーフェルパイクを中心に氷雪の一大ドームになりました。それが一万年ほど前、氷河期のおわりに氷や雪がとけて流れだし、ダンメイルレイズやラングデイル峡谷という、U字形の谷間に爪痕をのこしました。

地図をひろげると、スコーフェルパイク、ヘルヴェリン、スキドーといったイングランドの最高峰を中心に、湖水地方の山と湖はまるで数弁の花のようにみえます。花のように……というのは湖の配置のせいなのですけれど、湖と谷間を雪や氷で覆うと、湖水地方という大きな数弁の花は一つの塊、白く光り輝く巨大なドームに返ります。

氷河期のあと、湖水地方はゆっくりとした時のながれのなかで、深い森林地帯になりました。落葉樹におおわれたこの地に、人類がはじめて姿をあらわしたのは、五千年前、狩りのためだったといいます。石器時代には硬い火成岩から斧、槍、切断具を、紀元前二千年頃にはストーン・サークルをつくり、その後はローマ人が帝国の拡大とともに鉱石をもとめてこの地にもやってきて、要塞と道路を築きます。その頃の湖水地方は深い樹海のなかにありましたから、ローマの兵士たちが往来したのは現在の道路がある低地ではなく、尾根でした。その名もハイストリートという尾根が、湖水地方の心臓部からほとんど直線でペンリス町につづいているのは、いかにもローマ人的で見事だと思います。

ローマ人のあとにはヨーロッパの異民族が次々に侵略し、人類は絶え間なくその足跡をこの地域に残しました。とくにスカンジナビア民族の浸透と影響が強く、湖水地方で親しまれている山（fell）、湖（mere）、渓谷（ghyll）、渓流（beck）などの単語に、それがうかがえます。

イングランド南部から湖水地方に行くにはモーカム湾を渡る以外に道がなかった十二世紀はじめ、世を捨てた一団の僧侶がファーネスに修道院をたてました。僧侶たちは自給自足の生活で、森林を切り開き、土地を耕して作物を植え、羊を飼いました。こういう僧侶たちの働きに修道院の社会的、政治的な地位の向上が重なって、有力者から土地の寄進が多くなり、ファーネス修道院は一時、アイルランド、ヨークシャーにまで広がる土地の大地主になります。所有地から採掘された鉄を加工し、羊毛産業を発展させた、見事に商業的な手腕はファーネスに限らず、多くの大修道院に共通することですけれど、宗教を背後から、あるいは下から支えたその政治力と経済感覚のしたたかさには驚きを禁じえません。

イングランドの高峰、スキドーの雪景色

森林を切り開いて羊牧場を広げたほか、湖水地方は鉱物がゆたかでしたから、二十世紀まで数百年、鉱山業がつづきました。このせいで樹木は激減、深かった森林地帯は一変しました。山裾は石垣にかこまれた牧場になり、中腹も岩石だけ、あるいはヘザーやハリエニシダ、羊歯といった、荒野の植物が主体の、今日私たちが見慣れた風景になったのです。

その一方で植林が早くから行なわれ、十六世紀にはすでに盛んで、十八世紀には邸宅を美しくみせるために、地主たちが外国産のエキゾチックな木を盛んに植えた、ともいいます。樫、樺、ぶなといった、湖水地方特有の原生林が次第に減っていったこととあわせて、二十世紀には二度の世界大戦もありましたから、成長の速い針葉樹の植林を進めました。そのため、湖水地方の植林は一時圧倒的に針葉樹でしたけれど、今日はまた針葉樹を制限して、あるいは禁止してでも、湖水地方固有の樹木を植えよう、という動きになってきています。植林のようなことでさえ、流行といいますか、そのときどきの人々のこころを映して大きく揺れるのはおもしろいことです。

湖水地方の風物がいま見る形になってゆくなかで、土地の一般住民は外部世界のことをほとんど知らずに、農業を営んで、貧しく暮らしていました。外部からの関心はなく、ひどい荒野がひろがる未開の地に原始人が暮らしている、という程度の認識でした。イングランド北部に対するこういう見方、今でも穴居時代の生活をしているかのようなイングランド南部の人たちの話し方は、冗談半分にとは言え、つづいています。

ところが十八世紀後半に、イングランド南部の富が北部にも及んできました。観光を目的にした人々が湖水地方にやってくるようになったのです。観光はキリスト教徒の聖地巡礼からはじまったという説がありますけれど、十七世紀ごろからイギリスではこれにグランド・ツアーが加わりました。教育の仕上げに上流階級がヨーロッパ大陸の文化や芸術をみてまわる巡遊旅行に出るようになったのです。

グランド・ツアーの行く先は、十八世紀には湖水地方にまで北上しました。イタリア絵画から風景を絵として見ることを学んで帰国した人々の間に、絵のような景色、絵になる景色をもとめる風潮がうまれ、景色をたのしむ目的で湖水地方にやってきました。観光客第一号です。そのときから湖水地方が風景画家たちのメッカになるまで、あまり時間はかかりませんでした。ターナーやコンスタブルといった十九世紀の偉大な風景画家も描きましたし、二十世紀に入ると写真が優勢になり、現在では湖水地方の自然を撮った写真集が次々に出版されています。

絵画とならんで、湖水地方の自然に対する人々の見方、感性に影響をあたえたのは、十八世紀以来数多く書かれてきたガイドブック、その先導をしたのは十八世紀の代表的な詩人、トマス・グレイだと言われています。いっしょに湖水地方を旅していた友人が、途中で病気になって、つづけられなくなったので、友のために旅の報告を日々書いたことから彼のガイドブックはうまれました。詩人ワーズワスも、今でも出版されている案内記を書いています。

グレイやワーズワス以外にも、言葉で景色を描き、観賞するガイドブックは湖水地方に対する一般の人々の夢やあこがれをかきたて、満足させました。そこからここの自然に対する愛情が生まれ、産業革命時代の開発という魔の手から守ろうとして、湖水地方にナショナル・トラスト運動が発生してゆきます。そうした積み重ねの上に一九五一年、湖水地方は国立公園に指定されました。湖水地方を愛する人はもちろん、多くのイギリス国民はこの地を国民の共有財産とみなし、これを保存しようと献身的に働いています。

湖水地方にやってくる観光客は、十八世紀には馬車をしたてた上流階級でした。十九世紀半ばにウィンダミアまで鉄道が敷設されると、高価な鉄道の旅をたのしめる中流階級が来るようになります。二十世紀になって鉄道と車が普及し、余暇がふえると、訪れてくる人々の幅はいっそうひろがりました。ロンドンから約五百キロ、エジンバラからは二百キロ強、マンチェスターからだと約百キロといった距離で、現在は鉄道でも高速道路でも入ってゆけます。

湖水地方のうち、もっとも有名なのはウィンダミアでしょう。一八四七年に鉄道が開通するまでは湖畔の小さな村にすぎなかったのに、ウィンダミアまで鉄道がのびると、産業革命の現場、マンチェスターやリバプールへの通勤が可能になり、富裕な実業家たちが邸宅や別荘を湖沿いに建てるようになりました。こうしてウィンダミアはそれより古いボウネスのほうへ拡大して、ウィンダミアとボウネスは現在一つの町にみえるほど接近しています。

ウィンダミアという名前は、湖と町の両方に使われています。「ウィンダミアのミアは湖という意味だから、レイク・ウィンダミアと言うのは間違っている」と言い張る人もいますけれど、「そんなの、ペダンティクよ」と片づけて、普通、湖を指すときはレイク・ウィンダミアと言っています。ウィンダミア湖は十マイル半、イングランド一の長い湖で、ここではボートレースのほか、水上スキー、モーターボート、カヌー、ヨットなど、いろいろな水上スポーツが許されています。数年前、高速モーターボートが住民の間で問題になり、五年間様子をみながら十マイルに速度制限することになりました。スピード制限が実現すると水上スポーツを目的に来る観光客が減る、打撃だ、と地元の観光業界は反対しています。

ウィンダミア湖東西の岸を結ぶフェリーに乗って約十分、周囲の丘や湖上に浮かぶ島々、ベル・アイルという島にたつ円形の白い館などを見ているうちに対岸に着きます。西側の岸から一マイル半ほどにあるソーリー村は、ホークスヘッドに近いニア・ソーリーと、遠い方のファー・ソーリーとなっていて、ニア・ソーリーに入ったところにピーターラビットの郷《さと》、ヒル・トップがあります。

ヒル・トップは作者ベアトリックス・ポターの名前を知らなくとも、ピーターラビットや子猫のトム他、たくさんの動物たちの物語に親しんでいる子供たちや、物語を読んで育った大人たちが大勢訪れる、湖水地方の名所になりました。二、三年前、日本人観光客がふえすぎて入場制限がおきたときは、報道されて、かなり話題になりました。

「どうして日本人だけ制限するの、人種差別じゃない。」

「いや、時間と人数を制限するんで、日本人だけではないらしい。」

「入れないのは団体で、個人は入れるらしい」など、噂が乱れとびました。

これと関連がなくはない数年前の話です。湖水地方を舞台にテレビ広告を作るお手伝いをしたとき、ピーターラビットを使って制作にあたった方たちにこう言われました。

「この広告が放映されたら絶対ヒットします。ドイツのロマンチック街道で経験ずみなんですから。すると大勢の日本人がヒル・トップに来るようになりますよ。もう、どうしようもないぐらい大勢、わんさ、わんさ、来ます。ヒル・トップの前に土地を買って、おみやげ屋をしたら、もう何もしなくて大丈夫、左うちわで暮らせますよ。どうです、おすすめしますがね。」

おみやげ屋はできませんでしたけれど、予言は見事に的中して、この広告ができてからヒル・トップに来る日本人観光客が急速にふえて、ここのナショナル・トラストの売店はいつも日本人客でいっぱいです。

ベアトリックス・ポターの童話に親しんだ人々は、ヒル・トップに来たということにまず感激し、家内外の物が挿絵で見たとおりなので、もう一度感激するようです。二十世紀はじめに増築された部分をのぞいた十七世紀の建物は、スレートの屋根、石の床、黒光りする柱、低い天井や家具、階段踊り場のカーテンの色までが子供のころに読んだ物語の挿絵どおりなのです。ポターが亡くなる前、実行できないほどくわしい指示を遺書にして、ヒル・トップに一切の変更を禁止してくれたおかげです。湖水地方特有の農家の雰囲気がにじみでていることとあわせて、ポター童話の熱心なファンでなくとも、よろこばずにはいられないでしょう。

ベアトリックス・ポターは一八六六年、ランカシャー出身の裕福な中流の家の一人娘としてロンドンに生まれ、親の権威が絶対だったヴィクトリア朝時代に厳格に育てられました。たった一人の弟は学校に送られましたけれど、女の子のベアトリックスは家庭教師から教わるだけで、自由を許されなかったのです。両親のいる階下から遠く離れた上の階の子供部屋で、両親とは接触のない、友だちもいなかった子供時代、ひそかに動物を飼ってペットにし、それをスケッチすることを学んで淋しさをまぎらせました。スコットランドや湖水地方で夏休みを過ごせることが唯一のたのしみだったのです。多くの大人、子供たちに今もなお愛されている物語は、こういう孤独な少女期、青春時代にあたためた夢の世界からうまれたのでした。

ピーターラビットの物語が出版され、その後もペンで収入を得るようになると、ポターは両親に隠れてヒル・トップを手に入れました。これを手始めに彼女は、童話を書いては湖水地方の農場を次々に買い、死後はそれを全部ナショナル・トラストに遺しました。一九一三年、地元で弁護士をしていたウィリアム・ヒーリスと結婚、その後は湖水地方に住み、農場で暮らしたい、農業をしたい、という夢を実現させました。結婚後のベアトリックス・ポターはヒーリス夫人になりきって、有名な童話の作者であることはひた隠しにしたということです。牧羊と自然保護に力を入れ、とくに、湖水地方特有の羊、ハードウィックの繁殖と品種改良では、農業を本業にする人々からも尊敬されるほどだったというのですから、大変なうちこみようです。

ソーリーの隣、ホークスヘッドという村の名は、十世紀にバイキングがここに最初の家をたてたときにはじまったそうで、中世に羊毛取り引きで発展しました。一六〇八年にマーケットが開かれて二百年ほど栄えたものの、十九世紀末頃にはさびれてしまい、毎週のマーケットも、年二度のフェアも消えていました。今はまた、古い建物、曲がりくねった小路、その奥で静まりかえっているコテジなどが、観光客に歴史の変遷や郷愁を感じさせて、シーズン中はにぎわっています。

ホークスヘッドにはワーズワスが九歳のときから八年間通って、その名前を刻んだ机のある、ホークスヘッド・グラマースクールがあります。エドウィン・サンズというヨーク大主教が一五八五年に創立したこの学校は、付近の子供たちを教育し、一九〇九年に閉鎖されるまで三百年あまりつづきました。ワーズワスが入学したころはこの学校の名声がもっとも高いときで、イングランド北部から広く生徒が集まったそうです。

学校裏の坂の上にはセント・マイケル教会、教会からマーケット・スクエアへ出ると、昔は中に店舗がならんでいたというタウン・ホールがあり、そこから小路をたどってゆくと、アン・タイスンの家にぶつかります。

白壁はつる草でおおわれ、前庭は草花にうもれたこの家に、ワーズワスは母親を亡くした翌年からケンブリッジ大学に行くまで下宿していました。アン・タイスン自身には子供がなかったのに、少年の気持ちをよく理解する人だったということです。母親をなくしたワーズワス兄弟をはじめ、何人もの少年たちを母親のようなやさしさで包み、母親にはないおおらかさと自由を少年たちにあたえて世話をした、とワーズワス関係の伝記は異口同音に伝えます。

アン・タイスンのところに下宿している間、ワーズワスは学校の時間以外は何をしても問われない自由を満喫し、早朝から夜まで、エススウェイト湖周辺の野山を駆けめぐって冒険し、自然と交歓したことが、自伝的な作品『プレリュード』に描かれています。同時に、付近の住民一家がそろって炭焼き、木工細工、梳毛などをして働く生活に共感することも学びました。すでにこの時期にワーズワスの自然観や、地域住民の生活、弱者、貧者への共感という、ワーズワス詩を形成する骨格ができたのです。

ホークスヘッドから三マイルほど西にあるのはコニストン湖。コニストン周辺はヘンリー八世が一五三〇年代半ばに教会や修道院を破壊するまでの四百年間、ファーネス修道院の領地で、林業、鉱山業、狩猟などがさかんでした。コニストンと深い関係があって、ここを十九世紀末に湖水地方めぐりの巡礼地にしたのはジョン・ラスキンです。

ラスキンは一八一九年、シェリー酒を扱う富裕な商人の一人息子としてロンドンに生まれ、幼いころからすぐれた知能と才能を発揮しました。それを認めた信心深い、教育熱心な両親に大切に養育され、母親付き添いでオクスフォードで学寮生活をはじめたときには、遊んでばかりいる同級の貴族の子弟のなかにあって、知的にも異色の存在でした。父親のいわばセールスの旅には、母親もラスキンも同行したため、ラスキンは幼いときから旅慣れていて、すでに六歳のときに、初めてのヨーロッパ旅行をしたといいます。

豊かな家庭の子供たちの習い事だった水彩画はラスキンもしました。息子の水彩画を見て、父親が一流の先生をつけたこともあり、十六歳でラスキンは立派な水彩画を描いています。また、大学時代には規定の勉強をしないで、興味のあることだけに集中し、詩文を発表して活躍しました。ラスキンの詩がニューディゲイト賞を受けたときに授賞したのはワーズワスです。一八三九年オクスフォード大学のシェルドニアン講堂で、十九世紀最大の詩人と目されれ、功なり名遂げた六十九歳のワーズワスと、ヴィクトリア朝期最大の散文家になる以前の、内気な二十歳の青年ラスキンが出会ったのです。

ラスキンの特異な才能は大切にまもられ、励まされて、知的、芸術的に早熟な、独自の成長をとげました。ロイヤル・アカデミーの展覧会で、批評家たちに攻撃された画家ターナーを弁護して書きはじめた評論が一八四三年、絵画論『現代画家論』となって出版され、新進の美術評論家として注目されます。

他方、子供時代にはじまったヨーロッパ旅行はつづき、大陸の美術や建築への知識と理解が深まって、『建築の七灯』や『ヴェニスの石』などの建築論、文化論になります。ラスキンは有名になってゆきますけれど、初期の著作は気負った文体や気取った表現に邪魔され、強い信念はお説教臭くて、現代の私たちには読みにくいものになってしまいました。反面、後期の社会評論では、産業革命の渦中にあるイギリス社会の抱える問題を正面からとりあげ、ずっと平易になった言葉で誠実に考察しています。

ラスキンの鋭い着眼、真剣な分析、根源に迫った果敢な提案が美しい心情となって、簡潔、正確な言葉で語られるとき、読者は今なお感動してしまいます。教育、環境問題でも、言いにくいことをひるまずに言う、熱のこもったラスキンは大きな反響をよびました。その熱烈な思想と言葉に人生を変えられてしまうほど共感した人々のなかには、トルストイやガンジーがいます。日本では御木本隆三がラスキンに心酔し、生活信条をならったり、著書の翻訳や『ラスキン文庫』を創設しました。

著作だけでなく、労働者の生活や教育のために思想を実践したことも、ラスキンの場合、高く評価されている点で、その影響は少数の人々の間に深く浸透しているようです。ラスキン記念館ブラントウッドで催される講演や催しで、ラスキンの思想や言葉はまだ人々のこころに生きつづけている、と思うことがよくあります。

ラスキンにはアーツ・アンド・クラフツ運動の先導者、ウィリアム・モリスに思想的に影響をあたえたほか、手工芸の復興に実際に手を貸した功績もあります。ラスキン・レースはその一例で、ヨーロッパ大陸からギリシア・レースを持ち帰り、地元の婦人たちが作っていた手織麻布にレースをほどこさせたのです。ラスキン・レースは一時、地域の家内工業にまでなりました。

現在、ラスキン・レースはわずかの人々が趣味で作っているだけですけれど、ブラントウッドでは毎週その講習会が行なわれています。私はラスキン・レースの展覧会を見たときの感動が忘れられません。麻布に簡素なレースをほどこしたテーブル・クロス、ナプキン、袋物、ワンピースやコートなどの衣類が展示されていました。ごく淡い緑色をした麻の生地そのものが大変な魅力で、何に姿を変えても美しくみえそうでした。なかでも、これ以上単純なデザインはむずかしそう、と思うほどすっきりしたデザインのワンピースはどの部分も丁寧な作りでした。きちんと整った縫い目には素材に対する作り手の敬意や、それを着る人への愛情が感じられて、物と人との結びつきの理想的なありかたを見たように思いました。

こんな風に作られたものがつつましく、美しく人を装うということのもつ、言いようもない健やかさ。人や物がそれぞれにもつ、さまざまな要素が濾過《ろか》され、純化された結果、ただそこに、自然にあるということの、究極のところにいたったという風な、正しさとでも言いたいような美しさ。これを現代の生活に生き返らせることはたぶん不可能でしょう。けれど、もし現代の私たちがこういうものを復活させることができたら、それこそ、革命的なことになりそうな気がします。物質、金権第一主義でないものを人間は今なお創り得る、という意味で。

執筆や講演を通じてラスキンは知識人として華やかに活動しました。ゴシックの精神や建築・美術を説いて、ヴィクトリア朝のイギリス文化にゴシック趣味をうみだしたのです。社会の良心ともなった人ではありますけれど、一人の人としては悲劇的な一面もあり、その一生を考えると、同情せずにはいられません。ヴィクトリア朝時代の社会、文化のなかで、両親に大事にされすぎた子供の避けがたい悲劇だったのかもしれませんけれど。八十歳まで生きた一生の、最後の十年間は精神を完全に破壊されたまま、しかもその引き金になったのがラスキン最後の不幸なロマンスだったとは、哀切きわまりないことです。

ラスキンが一八七一年から一九〇〇年に世を去るまで住んだ家、ブラントウッドがコニストン湖畔に建っていて、現在はラスキン記念館として一年中公開されています。

ブラントウッドには十代半ばから描いた水彩画をはじめ、幼児のころから集めた鉱物、鉱石、貝類の標本、ターナーの絵などが展示されています。書斎や寝室など、家の中も興味深いのですけれど、なんといってもすばらしいのは家の外、コニストン湖を中心にした眺めです。湖の後ろに堂々とひかえるコニストン・オールドマンの勇姿。この山が見えれば、眺望はいっそうすばらしく、湖上をめぐる船からの、低い地点から見る、もう一つの風景とあわせると、湖水地方随一の景観ではないかと思います。ブラントウッドからの眺めは、いつ、どの季節にも、どんな天候にもすばらしく、ときには天上的と言いたいほど美しいことがあり

コニストン湖畔にたたずむラスキンの終の住処ブラントウッド

ます。特にある種の悪天候のときは幽玄な雰囲気さえただよわせて、独特です。湖の暗さ、雲の動き、それにつれて見え隠れするコニストン・オールドマン。すべてが一体になって、湖を中心に生きた、動く景色をつくりあげ、ラスキンに似合いの風景です。

日没のときがまた格別で、夕日を見逃さないよう家にもどったラスキンがわかるような気がします。ラスキンが移転してから増築させた、寝室に隣接した小間とダイニング・ルームからこの景色がよく見えて、親しい友や客人たちを迎えたラスキンの晩餐を想像したり、一人自室の窓から湖と山に沈む夕日を眺めたラスキンの胸中を思ったりします。

湖水地方を語るときに、グラスミアを忘れることはできません。グラスミア湖南側のラフリグ・テラスに立つと、すぐ足元にグラスミアの湖と村、遠くにはU字形の美しい、雄大な谷間、そして間には周辺の山々が見えます。一帯は湖を中心にした緑豊かな盆地で、小さな牧場や並木、家を囲む雑木林など、人間のいる、生活が近くにある風景です。それは一面の森林とか、一面の何々畑といった、人間のいない、広漠とした空っぽの風景ではなく、規模は小さくとも、湖を中心に人と自然がお互いを尊重するかのように交じりあい、織りなした姿なのです。

　グラスミアを訪れる人々は、大きく二つのグループにわかれそうです。第一は歩く人たち。難易、高低さまざまの山に囲まれたグラスミアは、日曜日の午後、ドライブの合間にちょっと散歩を、という人たちが逍遥するコースから、本格的に山歩きをする人が汗を流し、息を切らせる険しい山道までいろいろあって、それぞれのコースに向けて出発しようという人、終えた人たちに出会います。第二のグループは、ワーズワスをはじめ、湖畔詩人とかロマン派とよばれる詩人、作家たちの足跡を求めてやってくる人々です。

　湖水地方の自然美をたずね、有名になったワーズワスをたずねてくる人々が多くなると、グラスミアや隣のアンブルサイドは芸術家、文筆家、知識人たちが住む文化村になりました。特にグラスミア一帯は詩人ワーズワスが、一七九九年にダブ・コテジに移転してから一八五〇年の死まで、その詩作と生活の舞台となった土地です。少年時代から住みたがっていた所でもあり、ワーズワスが住んだ家はダブ・コテジ、アラン・バンク、グラスミア牧師館、ライダル・マウントと、四軒もあり、ワーズワス一家が葬られているセント・オズワルド教会もふくめて、湖水地方観光の一つの中心になっています。

このセント・オズワルド教会にはワーズワスが植えたという、いちいの木が数本、まだ立派に生い茂り、毎年七月末頃には、ラッシュ・ベアリングというお祭を何百年もつづけています。八月のグラスミアで見られるもう一つの伝統行事は村の運動競技会で、レスリングや山の頂上まで往復するフェル・ラニングのほか、ハウンド・トレイリングという猟犬の競走もあります。

周辺の自然にまいた臭いの跡を追って、にぎやかに鳴き声をあげながら石垣を跳びこえ、水をはねあげ、猛スピードで山の斜面を走る犬の群れは、それだけでも珍しい見物です。ところがそれ以上に目を瞠らせるのは、犬の持ち主たちで、ゴールをめがけて走ってくる愛犬を、犬の好きな飲食物を手に、躍り出るようにして迎えるのです。ゴールインした愛犬にさかんにねぎらいの言葉をかけ、汗や傷をタオルで拭いてやる姿を初めて見たときは、人への接し方とはかくまで違う、と感心したり、おどろいたりしました。

詩人ワーズワスを追う人に何より大事なのが、ダブ・コテジでしょう。ダブ・コテジはグラスミア村のすぐ外、タウン・エンドという小さな集落にあって、ワーズワスが湖水地方で構えた最初の家です。幹線道路から少し奥まった小路にありますけれど、この小路はA591号線が建設されるまでは、アンブルサイドからケジックに通じる表街道でした。そのため、週に一度往復する馬車があって、それが騒音をたてる、とワーズワスの妹ドロシーが手紙でこぼしたほどです。現在、ダブ・コテジとグラスミア湖の間には何軒も家が建っていて、湖は見えませんけれど、当時は一軒もなく、ワーズワスは二階の書斎から湖を眺めながら、あるいは周辺の木立のなかや道を、自家の庭を歩きながら、詩想を練ったり、英詩を変える詩を書いたのでした。

「コテジ」という語を体現したような家は、地元産のスレートを屋根に、やはりこの土地の青みがかった石を壁に使った、白塗りのこぢんまりとした建物です。正面の壁にはてっせんやつるばらがからみ、門口から玄関まで数メートルしかない、短くせまい通路のわきには夏なら色とりどりの花が咲いて、イギリスの田舎家そのものです。

もともと十七世紀のはじめに建てられた家は、「鳩とオリーブの枝」という名の宿屋、居酒屋だったこともありましたけれど、ワーズワスが借りたころには家として使われていました。この白塗りの家がその昔はパブだった、と聞くと、なるほど、と思います。今日では白塗りの家は珍しくはなく、特別の意味もないようですけれど、昔は個人の家ではない、パブリックな家を遠くからでもそれとわかるように、白塗りにした、ということです。

ワーズワスがこのダブ・コテジに住んだのは一八〇八年までの八年ほど、ワーズワスの後にはトマス・ド・クィンシーが住み、何人かの借家人がつづきました。それを一八九〇年に国が買い上げ、現在ではダブ・コテジのほか、ワーズワスの遺品や原稿の展示館、研究者のための図書館、売店、レストラン、B&Bまである大きな組織になり、ワーズワス・トラストが管理、運営しています。一九八二年にミュージアム特別賞を受賞した展示館では、常設展のほかにワーズワスやロマン派の文学、書籍などに関係のある特別展がときどき開催されています。夏と冬の数日間はワーズワス学会や講習会が開かれています。

ワーズワスとダブ・コテジの出会いは、ワーズワスがコルリッジと湖水地方を歩いた一七九九年十一月です。ワーズワスはその少し前、妹ドロシーとイギリスの南西部、サマセット州に住んでいました。借りていた家の契約が切れた後、ドロシー、コルリッジと三人でドイツに旅したり、帰国後はヨークシャーに住むハッチンスン姉妹の家に身を寄せたりして、一年半近くは家のない状態にありました。そういうとき、十月末にコルリッジが初めて北部イングランドに来て、ワーズワスは『プレリュード』で描いた風景を見せようと、二人は湖水地方に旅立ったのです。

詩や自然について語り合いながら湖水地方の山や湖をまわり、いくつかの村落を通って二人がグラスミアに着いたときには、ワーズワスとグラスミアとの出会いに何か決定的なことが用意されていたのではないか……すでに少年時代の夏の日、ワーズワスはグラスミアを見て、「ここに住めたらどんなに幸せだろう」と思ったことがありました。

グラスミアを再訪して、また、かたわらのコルリッジの感激ぶりを見て、少年時代の思いを確認するところから、湖のそばに家を建てたい、という貧しい詩人の身には不可能な夢をいだくところまで、何ほどのこともなかったでしょう。そういうとき、空き家がある、と聞いたのです。実際その家を見に行って、借りることを念頭においていろいろと訊ねたのではないか……と、旅先からドロシーにあてたワーズワスの手紙の簡潔な表現には、こういう想像を許すものがあります。

旅から帰って三週間後、今度はドロシーをつれて、ワーズワスは長らく世話になったハッチンスン一家を後に、ふたたび湖水地方に向かいました。ハッチンスン家のメアリはワーズワスの幼馴染みで、ドロシーとは小学校の同級生、預けられた親戚の家で辛い思いをした時期のドロシーを慰めたばかりでなく、のちにワーズワスと結婚、良妻賢母の一生をすごした人です。

今度はそこに住むための湖水地方行きです。ワーズワスとドロシーはヨークシャーのハッチンスン一家の農場からグラスミアまで、四日がかりで歩きました。現在車で三時間かかる道です。十二月半ば過ぎの寒い北イングランドを、東から西へ、ペナイン山脈を横切り、強い風雨と吹雪のなかを、固く凍ってすべる地面とたたかいながら、道程の大部分を二人は歩きました。

こんな言いかたをすると、現代の私たちには悲壮に聞こえてしまいますけれど、二百年前、王侯貴族でもない人には普通のことでした。しかも二人は新しい家にまっしぐらに急いだのではなく、滝があると聞けばそれを見に寄り道をし、吹雪の合間に陽が射せば感激し、目の前に展開する谷間や野山の美しさをたのしみながら行ったのです。いかにも歩く人、ワーズワスらしいエピソードです。

ケンダルで家具を買ったり注文したりして、二人がダブ・コテジに着いたのは十二月二十日、午後四時過ぎだったということですから、あたりはとっぷりと暮れて暗かったはずです。入り口のドアを開けて居間に入ったとき、暖炉には火がはいっていました。ワーズワスとドロシーは生まれ故郷ともいえる湖水地方に帰ってきて、詩人として生きる決意も新たなところに、待望の家を手に入れることができました。しかも近所の主婦は、姿こそありませんでしたけれど、暖炉に火をいれて迎えてくれたのです。二人は新しい家のすべてが気に入りました。家そのもの、庭や果樹園、そして近くに住む素朴で善良な田舎の人々など、すべてが気に入ったのです。

ワーズワスは一八〇二年にメアリ・ハッチンスンと結婚し、ダブ・コテジでの生活に入りました。三人の子供が次々に生まれ、滞在する友人たちが多くなるとダブ・コテジは狭くなって、アラン・バンクというグラスミア湖の北一キロほどの所にある家に引っ越しました。それをリバプールの弁護士が住もうとして建てたという家は、建築後空き家になっていて、それを家主が入るまで、という条件でワーズワスは借りたのです。湖一帯を見晴らす、すばらしい眺望に恵まれているにちがいないその家と周囲をドロシーは気に入り、『抒情小曲集』

(Lyrical Ballads)をいっしょに出したコルリッジも長期滞在したほどでした。ところがワーズワス自身は、この家の位置や建て方は周囲の自然にそぐわない、無神経な建物だといって批判したということです。いずれにしても、暖炉の煙突の具合が悪く、火を焚くたびに家中が煙り、汚れて、長く住めるところではありませんでした。

アラン・バンクの次はグラスミア村のセント・オズワルド教会の牧師館です。ところがここに住んでいた一八一二年、六カ月の短期間にワーズワスは二人の子供を亡くしました。ワーズワス一家の墓地は牧師館から一番近い所、つねに子供の墓を見下ろせる所にありますから、苦痛だったでしょう。それで牧師館に住んだ期間は二年間と短く、ロンズデイル卿に依頼してあった職がみつかるとすぐに牧師館を出たのです。

職はウェストモランド州の印紙、証紙配布係という仕事で、手伝いの事務員がいて、あまり負担にならない仕事でした。ウェストモランド州は州再編成のあった一九七四年、カンバランド州と合併されてカンブリア州となりましたから、現在は存在しない州です。責任ある地位に加え、当初は年間三百ポンドの収入が配布地域の拡大とともに年毎に増すというなかなか良い職でした。これによってワーズワスは困窮から脱け出し、詩作に専心することができるようになったのですけれど、皮肉なことにその頃にはワーズワスの創作力の頂点は過ぎてしまっていました。

ワーズワス終《つい》の住処《すみか》、ライダル・マウントはライダル湖南側の山際にあります。生誕二百年を記念して、一九七〇年四月七日以来公開されています。「ここは博物館ではない、今でも所有者であるワーズワスの子孫がときどき家族で来ては泊まってゆく、人の住む家である」と館の関係者は強調します。実際、家の中を見て歩いていると、「昨夜はこのベッドで誰か眠ったような……」と感じさせる部屋にぶつかったり、人が住んでいる家のもつ温もりのようなものが感じられて、そこから、ワーズワスが住んでいた頃の一家や、招かれた客のことが想像されてくる、という面があります。

ダブ・コテジにくらべて、家も庭も何倍もの広さです。造りも立派で、ウィンダミア湖を遠くに臨む眺望の良さなどからして、適当な家を探しながらグラスミアの周辺を転々と引っ越したあげく、ここに落ち着けるようになった時のワーズワス一家の安堵が想像できます。

一家がこの家に引っ越してきたのは一八一三年メイ・デイの日、ワーズワスは四十三歳になっていて、収入の良い、安定した職もあり、順調な後半生に入っていました。

ワーズワスは若いときから家族や友人を大事にした人で、ダブ・コテジに住んでいた時から友人、知人の滞在客があり、子供も多かった家にはいつも人があふれていました。ダブ・コテジ時代はいかに家が小さかったか、いかに粗末な食事、質素な生活だったか、それに反比例して精神的にはいかに高邁な思索や創作に没頭していたか、などをめぐるエピソードに不自由しません。

ワーズワスの名声の高まりは、まるで今日のフットボールの人気選手のようです。ライダル・マウントには以前から往来のあった詩人、文人、学者たちのほかに、政治家、地元の名士や詩人の卵などが、ひきもきらず訪れてくるようになって、にぎわいました。お客は大人ばかりではなく、ラグビー校校長の息子、マシュー・アーノルドや、ロバート・サジーとコルリッジの子供たちもやって来ては、ワーズワスの子供たちと遊びました。ワーズワスとコルリッジは一八〇〇年以来仲違いと仲直りをくりかえし、一八一一年の口論の後、二人の大詩人の仲は冷えきってしまいましたけれど、コルリッジの息子、ハートリは親とは無関係によく遊びに来ました。

間に妹ドロシーの発病、娘ドーラの死という不幸な出来事はありましたけれども、一八五〇年の死まで、ライダル・マウントでのワーズワスの四十年近くは詩人としても、一人の男性としても、恵まれた後半生でした。両親の死とともにはじまった悲運と困苦の時期は終わり、豊かな実りある円熟期になったのです。暮らしの中心においた詩作には、ドロシーとメアリという、どんな時にも頼りになる理解者、有能な助手がついていましたし、最後にはサジーの跡を継いで、桂冠詩人という名誉ある地位もあたえられました。理想的な女性と評判の高かった妻メアリや子供たちと円満な家庭生活をいとなみ、社会的な名声も満喫しました。

ライダル・マウントの建物はもともと十六世紀後半の自作農民の家で、ダイニング・ルームやドロシーの室など、当初からの古い部分と、十八世紀半ばに建て増しされた居間や客間という、二つの部分にわかれます。持ち主の交替による増築の結果、小さな農家は家族向きの広い家になりました。その後もう一度持ち主が交替したときにライダル・マウントと名がついて、一八一二年には隣家ライダル・ホールの館主、ル・フレミング卿に売り渡され、翌年ワーズワスが借り受けたのです。ワーズワスは妻と三人の子供たちのほか、妹ドロシー、メアリの妹セアラ・ハッチンスンをつれてライダル・マウントに引っ越し、大人四人は最期までここに住みました。

家の外に出ると、ワーズワスが設計したという四エーカー半もある広い庭に樹木、灌木、草花があふれています。ワーズワスは庭師としても立派にやってゆけるほど、造園の知識と感覚の持ち主だったといわれ、ダブ・コテジの庭をつくり、ジョージ・ボウモント卿をはじめ、友人、知人の庭を設計したり、相談にのったりしました。

ワーズワスは当時の一般的な庭園観、フランス式の庭園にみられる人工的な様式美をとらず、周囲の自然と調和のとれた、草や木のある庭でなければならない、という考え方でした。この意味で、道を隔てた反対側の、ワーズワスの家主だったル・フレミング卿家のライダル・ホールの、様式的にデザインされて、整った美しさをもつ庭園と比較するのもおもしろいことです。庭の比較そのもののほかに、ワーズワスという人の一面が見えてくるからです。

前庭の一隅に築山があり、そこからライダルとウィンダミアの湖が見晴らせるのですけれど、美しい景色を眺められる展望地点をつくることも庭造りの大切なポイントでした。ライダル・マウントを訪問した大勢の名士たちのなかに、ウィリアム四世妃で寡婦となっていたアデライデ妃がいました。王妃はライダル・マウントで一日遊んで、庭の美しさとあちこちに設けられた展望地点からの景観を愛で、ワーズワスを喜ばせた、というほほえましいエピソードがあります。

グラスミアとケジックの中間にあるサールミアという湖は、マンチェスターの貯水池にするために、二つの小さな湖と村一つを湖底に沈めて造られました。反対側の山の斜面はからまつ林になっていて、新緑のときには毎年、美しい街道になります。道路からは見えませんけれど、この林のなかにワーズワス、ドロシー、二人の兄弟ジョン、コルリッジなどの名前を刻んだ岩があります。これにそのときどきで違う友人たちが加わって、ワーズワスとドロシーが住んでいたグラスミアと、コルリッジの住んでいたケジックの中間にあたる、この岩が元来あった、今は湖底に沈んだ所で待ち合わせては付近を歩いたのでした。三人とも歩くのが大好きで、書いている詩の話、自然、人間、社会についての考察、将来の作品の計画など、お互いを刺激し、奮い立たせる会話はつきることがなく、グラスミアとケジックの間を昼となく夜となく往復したのです。

ケジックの町外れにカースルリッグという巨石群があります。巨石の輪はイギリス中方々にあって、そのもっとも有名なのがストーン・ヘンジなわけですけれど、どういう目的で造られたのかがわからないのはこれも同じです。祭儀の場、墓地、古代人の集会場、持ち寄った物や情報を交換したマーケットだったという説、暦がわりなど、諸説紛々です。

野中に突如あらわれた、という感じのするストーン・ヘンジは石の巨大さもあって見る人を圧倒しますけれど、周囲をぐるりと山や丘に囲まれたカースルリッグのほうは、天候の変化や陽射しのかげんで劇的な光景をみせることがよくあって、一層神秘的だと思うのは地元にいる者の贔屓目かもしれません。いつ何時でも自由に入れて、入場無料というのも好感のもてる一因でしょうか。

雄大な景観に囲まれた湖畔の町ケジックは、ダーウェント、バセンスウェイトという二つの湖の間の小さな点ともいうべき、北部湖水地方観光の中心地です。十八世紀後半に文人たちが湖水地方にやって来るようになって以来、ダーウェントには絵心のある紳士階級、有閑階級の男性たちが馬車で乗りつけて来ました。それぞれ気に入った眺めを選び、遠近を正確にとらえてくれるレンズ、クロード・グラスを手にとって、描きたい風景に背を向けて、絵筆を動かしたのです。

ダーウェント湖の西側を走る道は高いところにあるせいで見晴らしがきき、晴れた日に空の青、雲の白、湖上の小さな島々、銀色に光る湖面、そこを滑るヨット、周囲には緑の丘、などがそろって理想的な風景ができたりすると、この湖をイギリス随一の絵画的な湖と考えたヴィクトリア朝期の人々に賛成だな、と思います。

町の縁をグレタ川が流れ、洪水になるときもありますけれど、ふだんは町に魅力を添えています。グレタ川沿いに一九九八年までケジック・スクールという、通学生と寄宿生からなる中学・高校がありました。構内にはコルリッジが一時住んでいたグレタ・ホールが宿舎になっていて、事務室に申し込むと舎監の先生が説明つきで案内してくれました。

グレタ・ホールは奥の両端が半円形をした、ジョージ王朝風の建物で、玄関をはさんで左右対称の、二家族用にできた館です。一七九九年十一月、ワーズワスと山歩きをして、いっぺんで湖水地方に魅了されたコルリッジは、翌年ここに家族連れで引っ越してきて、これを建てたウィリアム・ジャクスン家と同じ屋根の下に住みはじめました。

家がまだ完成していないから、という口実でジャクスンはコルリッジから六カ月ほど家賃を受け取らなかった、という話が知られています。コルリッジは詩人としてすでに相当有名で、一七九八年にワーズワスと『抒情小曲集』を出版していた上に、ワーズワス兄妹やド・クウィンシーなどとの盛んな交流もあり、そういう有名人に家も環境も気に入られて、住んでもらえるのがありがたくて、家賃などもらえなかったのが真相だ、と言う消息通もいます。

コルリッジはこの家が気に入りました。大きな家は部屋数も多く、庭からグレタ川に自然につながるその位置、周囲の山々を一望する二、三階は家々の屋根がみえる現在でもすばらしい眺めですから、家が建っていなかった当時の眺望にコルリッジが夢中になったのもよくわかります。

と同時に、イギリスの古い、大きな館によくある幽霊話はここにもありました。女生徒の一人が夜中の勉強中に喉がかわいたので、お茶をのみに台所に下りたところ、青いドレスを着た女性が目の前の壁を通り抜けて彼女のほうに向かって歩いてきたのです。それを見た彼女は思わず金切り声をあげて全館を震え上がらせてしまいました。実際に体験した本人がたまたま部屋にいて、その時の話をしてくれたのですけれど、聞いているこちらまでちょっと寒気がしたほどです。しかも彼女の話を念押しして、寮監の先生が話をつづけました。

「この人の叫び声がやまなくて、みんながつぎつぎに起きてきたんです。そのときのこの人ったら、目はかっと開いたまま、一点をみつめて絶叫していました。教師も生徒たちも声をかけたり、慰めたりしたんですけど、ひきつけ状態がおさまらなくて……私がこの人を抱いて、赤ん坊をあやすようにしたんですけど、両手は氷のように冷たいし、体も強ばっていました。あの時のこの人は本当に幽霊を見たというか、何かそういう異常な、こわい体験をした人でしたね。」

コルリッジは湖水地方の自然に夢中になり、その感動を文章や手紙に書きましたけれど、この土地はかならずしも彼のためにはなりませんでした。雨と湿気の多い気候がコルリッジの体質にあわず、全身リウマチ性の痛みにおそわれて、麻薬に溺れるもとになったということで、詩です。また、子供は可愛がったけれど、妻セアラとは折り合いが悪かったということで、詩はお金にならないという経済上の問題もあったでしょうし、ワーズワスとの友情をとおして、ドロシーとの親しい間柄がセアラには不愉快だったのかもしれません。

また、ワーズワスの義妹、セアラ・ハッチンスンへの片恋も事情を一層複雑にしました。コルリッジには放浪癖もあって、グレタ・ホールに住んだ三年間にもあちらこちらと、落ち着きませんでした。一八〇三年、グレタ・ホールにサジー一家が引っ越してくると、コルリッジとサジーの妻は姉妹でしたから、妹と同じ家に住めるようになった妻セアラは、厄介なコルリッジが特に必要ではなくなります。コルリッジはグレタ・ホールに家族を残して一人去り、ときどき家族に会いにくるだけになりました。サジーはワーズワスの前の代の桂冠詩人で、一八四三年に死ぬまでグレタ・ホールに住みました。

ケジックの町は、土曜日にマーケットを開いてよろしい、という勅許が一二七六年にエドワード一世からおりたときにはじまりました。今でも同じ場所で土曜日になるとマーケットが開かれています。

湖水地方には古くから種々の金属が出て、ファーネス修道院は十三世紀には鉄を採掘していました。本格的に鉱山業がはじまったのは、銅と鉛の鉱脈が発見された後のことです。ダーウェント湖西側の谷間、ニューランドに鉱山があり、ケジックはダーウェント湖畔という地理的な関係から、鉱山の町として数世紀の間栄えました。

銅鉱脈にはまれに金や銀が混じり、エリザベス一世の時代には「王室鉱山会社」まで設立されて、納税面で奨励や援助が行なわれるほど重視されました。鉱山業の繁栄で炭作りや製材業が発達し、十六世紀半ばには採掘技術の進んでいたドイツから多くの坑夫を呼び寄せています。

ドイツ人坑夫は最初は地元民と軋轢《あつれき》があったものの、地元民の娘と結婚して落ち着くにつれて地域に受けいれられ、吸収されてゆきました。それでケジック周辺にはその子孫が多く、ドイツ名が多いという話です。ワーズワスの友人、レイズリ・カルヴァートはそういうドイツ系の子孫で、若くして結核で死ぬ前、ワーズワスに遺産金をあたえることにしました。詩人として立つかどうか、はっきり自信のなかったワーズワス、困窮しきっていたワーズワスに自信をあたえ、方向をきめさせたといわれる人です。

ダーウェント湖を背後にボロデイル峡谷に入ると、ひととき、切り立った崖が迫り、道は曲がりくねって狭くなります。ダーウェントの絵画的な風景とは対照的なボロデイルに昔の人は恐れをなし、それで有名になったという風景ですけれど、そこを過ぎるとすぐまた平坦で、家あり、牧場あり、木々のある緑の小さな盆地になります。イギリス中で雨量のもっとも多いシースウェイトまで一マイル半という標識を通り過ぎると、細い山道が曲がりくねるホニスター・パスに入ります。

狭い急な坂道、木は一本もない両側の山の斜面、ごつごつとした岩肌は鋭くとがって、厳しい景色です。それもそのはず、ホニスター・パスは採石場、石切場があった所ですから、砕かれた岩石の破片や、爆破作業で転がり落ちた岩石があり、まるで岩石の墓場のような感じがするのも当然です。現在の湖水地方は観光だけで成りたっているようなものですけれど、昔はさまざまな産業、手工業が数百年にわたって展開した地域でもあったことを、改めて思い出す場所でもあります。

ホニスター・パスの険しい風景のあとで、ふたたび緑の谷間、バタミア、クラマック・ウォーターの湖が見えてくると、ほっとするわけですけれど、ここまで来ると、湖水地方も西の外れです。その美しさに見とれているうちに湖は見えなくなって、それまで絶えず間近にあった峰は背後に遠のき、起伏はなだらかになり、湖水地方の外に出たことを実感すると間もなく、ワーズワス誕生の地、コカマウスに入ります。

私のイギリス暮らしも年々重なって、湖水地方の高原を大分歩きました。日本では山歩きとは縁がなく、はじめは家の中でじっとしてばかりいるのは不健康だというので、散歩ではじまったことでした。登るのが苦手で、「登山」に近い、高い所は嫌々ながら歩いた、というのが正直なところです。ところが山道を下るのは最初から好きでした。登るときの呼吸の苦しさがなく、跳ぶように、走っておりるときの快感を味わうために歩くようになった、と言っても過言ではありません。

夫をふくめて一緒に歩く人たちは、上に上にと行きたがり、少しでも高く登ろうとするのに、私は高い所に到達することには野心も関心もありません。頂上まであと五メートルという所からでも、何の苦もなく引き返せるほど、登ることが辛かったのです。そうして歩いているうちに、ある日、発見がありました。高く登るとその分だけ視界がひろがり、眺めが良くなる、というごく単純なことです。登る時に息苦しく、あえぐのは相変わらずですけれど、少しでも広い景色が見たくなり、あそこまで登れば何が見えるだろう、高そうだけれど行ってみよう、そして見えるものを見たい、と思うようになりました。

うっとうしい冬空の下、近所を散歩しながら、もうすぐ春になる、そうなったら……と待ちかまえるようにしていた矢先の二月二十日の朝、ラジオのニュースはエセックスで口蹄疫が確認されたと伝えました。三日後にはスコットランドとイングランドの境界地帯、つまりカンブリア北部へ、つぎにイングランド南西部のデボン州へと急速に拡がり、牛や羊を放牧する湖水地方一帯は閉鎖されてしまったのです。三月十六日にはカンブリアの八十パーセント以上が口蹄疫に汚染され、町の中以外に歩ける所は道路と海辺だけになってしまって、山歩きはお預けになりました。

口蹄疫がはじまってから八月一日までに三百六十万頭以上の牛、豚、羊がイギリス全土で処分されています。一時期のニュースは毎日、畜舎で屠殺された動物たちがその場でそのまま、何日も放置されたり、昔の飛行場を動物の大火葬場に変えて処分する場面や、政府の疫病対策に抗議する農民、国民を映しだしました。同時に、春先から冬のはじめまで、週末はおろか平日でさえ、歩道からあふれんばかりだった人の波はウィンダミア、アンブルサイド、ケジックなどの町から消えてしまいました。

不自然に静まりかえった町の中、そこを出て田園地帯に出ると、異常な静寂はいっそう不気味です。牧場が空になってしまって、近所を歩いても、車に乗って何十マイル走っても、牛も羊も一頭も見当たりません。目の前の牧場から次の牧場に、そして丘の頂上にある牧場まで、どこを探しても、どこにも動物の姿はないのです。全部、がらんどうでした。

空っぽになってしまった牧場を見て、見慣れた湖水地方の、この辺一帯の景色は何だったのかが初めて実感としてわかりました。この景色は自然のありのままの姿ではなく、人間が作りあげた、牧畜の結果生まれ、牧畜をするために作られた自然なのでした。人間が作ったからこそ、人間が好きな風景なのです。湖水地方開拓の歴史を考えたときに思う、人間の営為がうんだ自然という、観念的なものではない、目に見える異様な光景が一瞬のうちに悟らせる真実の姿、実体験の教える事実でした。ですからそういう景色のなかには牛や羊がいることが、群れて草を食んでいる動物がいることが自然なのです。人間が作りあげた自然から、そのなかにいるべきものが欠落して、そのために景色は一変して不自然になり、その異様な静けさが不気味に感じられたのでした。

前回一九六七年の口蹄疫は鎮圧まで五カ月かかったそうですけれど、今回はいつになったら終わるのか見通しはたたず、八月に入ってからもまだ発生しつづけています。口蹄疫が終わったとき、カンブリアにはどのぐらいの牛や羊が残り、変わると言われている湖水地方の自然はどう変わるのでしょう。四十億ポンドもの税金をつかって、政府は口蹄疫対策を誤った、といわれるようになりました。口蹄疫の影響は農業だけでなく、観光、その他の農村経済に、そして社会的な面にも出てきています。精神、心理的な面への影響も少なくはないでしょう。

口蹄疫にかかった農場は隔離生活を強いられて、学校に行けなくなった児童も出ました。大事に育てた家畜を失って茫然自失の農民や、山と積まれた動物の火葬を目撃した人々の心に何の影響もないはずはありません。そして事がすんだ後に出たテストの結果、実は口蹄疫にかかっていなかったことが証明されたという、ばかげた嘘のような話が日常茶飯となった農村地帯も出てきました。こういう生活の髄にまでくいこむ被害のほかに、歩く場所が激減して運動不足に悩む人が増え、それが今年の英国民の健康と保健を語る数字となって出てくることも考えられます。

湖水地方で観光業が伸びてきたのはここ二百年ぐらいのこと、それ以前の湖水地方は農業、鉱山、林業、手工業などで働く人々の土地だったのです。それを知らないまま、夫が少年時代に親しんだ山や谷間、湖があるからと、「湖水地方に住みたい」という単純な思いでやってきた私たちは、自然のなかで暮らし、自然とともに生きる人々の大きな環のなかに入りました。十数年、湖水地方の自然と間近なところで暮らす日常から私は大きな恩恵をうけたと思います。人間が人間らしく生きるためには自然との接触は欠かせない、と確信するようになりました。

私たちは人間界以外の世界が存在することを知る必要がありますし、人間に無関心な自然の静けさ、大きさがどれほど人を養い、癒す力をもつかを、ワーズワスやラスキンといった巨人たちをはじめ、多くの人々が教えてくれています。汚れを知らない幼児も、海千山千のしたたか者も、幸福ではち切れそうな人も、悲運にうちのめされた人も、それぞれに心身に深くしみ入ってくる何かを感じ、自然の神秘を垣間見る機会があたえられているのは不思議です。

つまずき、迷い、うちひしがれた人を助けるものが自然以外にないとき、自然が澄んだ水となってほとばしり、木々の間から清浄な大気となって心身の空洞をみたしてくれるとき、自然への感謝は祈りともなって、人のいのちの奥深くからあふれ出てくることも知りました。こういう自然と人との交流を、その神秘が人の心に呼びおこすさまざまの深い思いを、高らかに謳いあげているのは、やはりワーズワスではないかという気がします。

僕のこころをかきたてて、
高潔な思いに歓喜させるお方がおわします。
深く、深くとけあったその方は崇高で、
沈む太陽の光のなかに、
弧を描く大洋や、
生きた大気のなか、青い空にまします。
そして人のこころにもやどっては、
動きとも精気ともなって

物思うすべてのものを駆り立て、思われる
あらゆるもののなかを
ひびきわたる。

——ティンタン・アビーから

8　カンブリアの四季

イギリスの夏と冬の対照のはげしさ——イギリスと日本の暮らしを比較するときに、一つぜひ入れたい話です。とはいっても寒暖の差ではなく、時間の長さと明るさという点で。

夏の一日は日本と比較にならないほど長く、夏至の頃は真夜中近くになっても西の空のどこかにまだ明るさが残るのに対して、冬の日は信じられないほど早く暮れて、北部イングランドのこの辺一帯は午後四時ともなると真っ暗です。人々の生活も日照時間に支配されて、夏と冬では生活のスタイルがぜんぜん違います。夏はスポーツばかりか、社交や食事までもが戸外の活動になり、庭仕事をしたり、歩いたりする人の姿がめだち、芝生でボーリングをする人たちの声が垣根ごしに聞こえたり、はては車を停めて携帯用の椅子を取り出し、車の行き交いも意に介さず、日光浴をしたり、お茶を飲んだり、新聞、雑誌を読む人たちの姿が目につくようになります。逆に冬は家の中にこもって、友だちや未知の人を招いたり招かれたりして、晩餐やお酒やおしゃべりなどをたのしみます。こういうイギリス人の暮らしに、冬ごもり、という言葉が思い浮かび、夏と冬で生活の形態がこんなにちがうのも自然でいいな、と思うようになりました。

イギリスには夏に似た季節と冬があるだけ、この国は四季ではなく、二季の国、と暮らしはじめてしばらくは思いました。春と秋は日本のようにそれ独自の季節ではなく、冬から夏への、そして夏から冬への移行の段階、あるかないかの短期間でしかない、と思っていましたけれど、最近ようやく、言葉どおりに春も秋もある、と実感するようになりました。ことにある日突然、枯れ枝ばかりと見える垣根のなかに、つややかな緑の新芽が見えたときの、ああ、これで春、という感じはたとえようがありません。

毎年十月最後の日曜日、午前二時に、イギリスは夏時間から冬時間に切り替わり、三月最後の日曜日の同じ時刻に、冬時間から夏時間になります。十月には一時間戻し、三月には一時間進めるのです。一時間ぐらいなんでもなさそうに思いますが、一年に二度、時計の針や表示を進めたり戻したりする、その人工的な操作がおよぼす影響は、心理的にも生理的にもなかなかのものがあるような気がします。ことに切り替わった直後の十月末から十一月のはじめにかけての最初の数日、この一時間のずれにとまどっていると、ある日急に一日が短くなっていて、それを実感するようになると、もう冬の真っ最中になっているというときに。

私たちが住む北イングランドの冬は圧倒的に空が暗く、雨風が吹き荒れる日が時には何日もつづき、そうなると空の暗さが一層つよく迫ってきて、気分も沈んでゆくことになります。日本でも冬は日が短く、暗いわけですけれど、こちらから行って同じ冬の日に東京の、あるいは関西の空港に降り立ったときに感じる、陽光のまぶしさ、目を開けていられない光の強さから考えても、日本の冬は暗いとは言っても比較にならず、着地したとたんに即効薬のように働きはじめる陽の光の明るさ、強さが、どこかに明るいところのある日本人をつくりあげているのだと思うようになりました。

イングランド北部では冬のはじめに葉が落ちきった樹木は、枝ぶりばかりが急に目につくようになります。そういう枯れ枝の姿を見、色があるとも思えない木々の、枝の色を何と言おう、死の色とでも言うのだろうか、などと独り言していると突然、枯れ枝としか見えなかった枝の先が赤みをおびています。おどろいて見直すと、だらりとたれた枝の先はみな天をめざしているではありませんか。どんな形もつくりだせる踊り手の指先のようです。春から秋にかけて伸びた枝の先端の、その枝先のわかれめには、来る春に開くはずの新芽がすでにしっかりと宿っているのです。

長い、暗い冬を予感して、気分の沈潜を感じはじめたときに見るこの生命のかたまり、新しい生命と新しい年を約束してくれる、この枝先の赤いふくらみが、言いようのないよろびと希望を呼びおこしてくれるようになりました。自然のはからいの深さを教えられて、思いがけず、自然の摂理、といったことまで思いおこすことにもなります。そしてこの生命を宿したふくらみは暗い空を背にして冬の間中、萌えたちながら赤みを濃くしてゆき、時速百キロをこえる嵐や、周囲の牧草地を池とも湖とも化してしまう大雨にも負けずに、ふくらみつづけます。とくに白樺の芽は濃い紫色をしていて、木肌が白いだけにめだって美しく、冬の白樺林は曇り空を背にしても青空を背にしても、そこだけがはっきりと紫に萌えて、周囲の落葉樹と一線を画して別の領域をつくりあげます。この季節にしか見られない独特の色合

わが家裏庭の雪景色

いに、自然のもつ色の豊かさに、おどろきの目を向けているうちに、ひととき暗い冬への苦情を忘れ、やがて年が明けてゆきます。すると空が少しずつ明るくなって、一月も末になり、二月に入り、着々と日を重ねるうちに、その赤みがだんだん和らいできて、燃えるようだった木々の枝先がぼーっとかすんできた頃にある日、包みを破り、中から輝く緑の新芽がうぶげと共に現われると春、というしくみなのです。

もう一つ、北国の長い冬をなぐさめてくれるものにスノウドロップがあります。鈴の形をした白い花を一輪だけ下向きにつけるこの花は、年が明けると数日のうちに地中から必ず姿をあらわし、粉をまぶしたような暗緑の細長い葉が出揃うと花を咲かせます。十一月中旬からクリスマスにかけての一カ月ちょっとの間は圧倒的に暗い空の下で、健康な人をさえ憂鬱にしてしまう冬の嵐が吹き荒れます。そうなったらただじっと耐えるしかなく、この時期の忍耐感をやわらげるためにクリスマスはあるような気がするほどですが、そうしてクリスマスを迎えてしまえば、これからは日脚がのびる一方だから、と他人にも自分にも言い聞かせられるようになり、わずかでも日が長くなったのを実感できるようになって数日、突然足元にみえるこのスノウドロップに、多くの人は春を約束するものを感じるようです。スノウドロップが咲いた、春は必ずくる、もうそこまで来ているもの、と。

スノウドロップのあとは、「さくらそう」と訳語の出ているプリムロウズ。淡い、透き通るような黄色のプリムロウズが咲いてしまえば春は来たも同然で、ほとんど同時にクロッカスも色とりどりに咲きます。クロッカスの次は水仙。カンブリア、特に湖水地方と縁の深い詩人ワーズワスが有名にしたこの花は、カンブリア中の庭という庭、路傍という路傍を埋めつくすように咲いて、そのすぐあと、濃密な甘い香りを放ちながら咲くハリエニシダの濃厚な黄色とともに、春のカンブリアを真っ黄色にしてしまいます。黄色はあっても、さまざまな赤い色が混じった、華やかな、色彩ゆたかな日本の春とはずいぶん違う、黄一色のカンブリアの春に。

水仙のあとはアネモネとバタカップで、生えはじめた草の間を白や黄色の無数の点となってうめます。目をあげると桜も咲いています。寒桜とでもよびたい、花の小さい桜が冬の終わり近くにわびしい色で咲き、春になると染井吉野に似た桜、そして最後に八重桜、と何種類かの桜が色を濃くしながら順々に咲いてゆきます。こうして花はそれぞれに美しく、色とりどりでいいのですけれど、北イングランドの広大な風景のなかで暗い冬を送り、明るい春を迎えることを十数回くりかえしているうちに、私は木々の新芽の、新緑の美しさに春のよろこびを知るようになりました。

田舎暮らしをするようになって、緑のさまざまな色合いが以前より見分けられるようになった、と自分でも思います。真正の緑という感じのするさんざしの新芽の緑は、垣根全体がまだ灰色のときに出てくるせいもあって、特別美しく思われるのですが、赤みをおびた栃《とち》、黄みがかった楢《なら》の新芽、粉をまぶしたようなぶなと、どの木も新芽が出て間もないころは特に、赤や黄や白など、さまざまな色合いをおびた、それぞれの個性をもった、とでも言いたい緑色をしていて、緑と一言で言いきれないな、と思います。

いちばん始めに新芽を出すのは、すいかずらと辞書にあるハニサクルで、これはまだ冬なのにもう？　と思うほど早く、枯れ枝の間に緑の葉をみせます。その次がさんざし。牧草地を囲み、家を分ける垣根のなかにこの灌木が新芽を光らせるとき、これでほんとうに春になった、と春の到来を確信すると同時に、そのつややかなあおさのせいでしょうか、私は必ず竹藪のかぐや姫を思います。周囲のほの暗さを背に光り輝くもの、それは必ずしもかぐや姫でなくてもいい、さんざしでもいいのです。光り輝く緑のなかに見るひとときの幻想が美しい童女となり、その明るさがよろこびをもたらすのだ、と独り合点するのです。

そして緑の宴の頂点をきわめるようなからまつの新芽。陽があたったからまつの新緑の美しさは格別で、いくら見ても見飽きることはなく、天上的な美しさだとさえ思います。からまつと前後して楓、その後は樺、ぶな、そして楢の木となって、最後にアッシュというとねりこの新芽が出ると、これで木々の新緑は終わります。

新緑のころに木々をひきたてて美しいのがブルーベルです。すっとたつ茎の先に青い鈴状の花をいくつもつけて、青い鈴蘭とよびたい気がします。樹木がなく、あたり一面ブルーベルの野というのもあり、陽当たりのよいブルーベルの野を散策するのもいいものですけれど、私は雑木林の足元を飾り、木洩れ日のなかで咲くブルーベルに、はっとするほど澄んだ、青い霞を敷きつめたようなブルーベルの群生に惹かれます。ブルーベルは不思議な花で、立ち止まって見るより、歩いたり、あるいはゆっくり車を走らせたり、こちらが動きながら見るといっそう美しくみえるように私は思います。花びらの先のところに青みの薄い部分があって、そのために色に立体感があり、それが緑の葉の上にきて、群れて咲いているところでは濃い緑、目のさめるような青、薄い青、と微妙な色合いに動きがあり、それにこちらの動きが加わると周囲一帯に霞がかかったようにもみえて、見飽きることがありません。

木々の新芽の後にもう一つ、ビルベリと羊歯がきて新緑は終わります。両方とも湖水地方の山や丘をおおう植物で、羊歯はあおい時も、紅葉しても、枯れた後でさえ、新芽が出てくるまでその場で鉄錆色のまま山肌を飾ってきれいですけれど、新緑の羊歯が山肌をおおったときは特別で、このやわらかなあたたかい色の緑に目を浸し、しみこませたいと思うほどです。羊歯が出はじめの時はゼンマイ状をしているせいか、日本の春の、何ともいえないあの野草の味はこれを摘んだものなのだろうか、と春になるといつも思います。ビルベリは山草の間に羊歯と前後して芽を出し、やわらかい、生まれたての緑を最後にもう一度味わわせてくれる灌木です。木の葉も草の葉も、新芽は感触も特別で、どうしても手を伸ばして触れたくなります。

わが家の前にたぶん樹齢百年をこえる、コパビーチという、赤銅色というか紫色に近い、ちょうど紫蘇の色の葉をつけるぶなの木があります。台所のわきにあって、テーブルにつくとかならず目に入る、なじみの深い大木ですが、これの若葉は赤みのさした淡い緑色をしています。新芽が出て少したつと、赤みが勝ってほんのり薄紅の色になり、天気によって毎年

コパビーチの新芽

多少違いますけれど、何日か柔らかい薄紅色がつづきます。去年は四月末から五月にかけての気温が低かったせいか、この期間がいつもより長く、薄い紅色から今まで見たことのない深紅に近い色にかわり、とどまるのを堪能しました。

田舎暮らしが長くなってくると、季節は毎年同じようでいて、決してそうではなく、年々かなり違うのが見えるようになってきました。四月から五月半ば頃までの一カ月ほどは、新緑の饗宴と言いたいような時期で、この辺一帯は一年でもっとも美しい季節です。新芽が殻を破って出たときのまだ丸く固まった葉、それが日に日にゆるみながらふくらんでゆくのに陽があたったりすると、ちょうど枝先にあかりが点ったように見えて、広がりきらない葉は、木々が天に向かって点すあかりなのだといつしか思うようになりました。無数のあかりに輝く木々に目も心も釘付けです。枝先から木の中心に向かって葉の茂みが広がるとき、枝ぶりにアクセントがついて木の姿は一層美しくなり、それに見とれていると、ある日突然、枝という枝は葉の陰に隠れてしまって、見えるのは幹だけになり、葉の色は濃くなっていて、木全体がこんもりとしているのです。

こんもりとした樹木は葉とか枝とかいった部分ではない、木全体の姿があらわれる独特の美しさで、マントにすっぽり身を包んでも、美しい人は美しくみえるようなものです。けれど、この全体のふくらみもはたと止んで、葉の色も明るい、光を通す緑ではなく、鬱蒼として、もうこれ以上は色も変わらなくなると思う日がきます。この時が私には春の終わり、夏のはじまりで、木々の変化に吸い寄せられるようだった関心はここで離れ、初めての落葉に気がつく日まで特別注意をむけなくなるほどです。

鬱蒼と生い茂る木々、こんもり内にむかって立つ木々のほかに、もう一つ春の終わりのしるしは川堤の石楠花《しゃくなげ》です。つぎつぎに吹き出た木々の芽に、その色の変わりように心をうばわれ、ああ、きれい、きれいね、をくりかえしているうちに薄紫色の石楠花が咲いて、新緑の饗宴は確実に終わりです。今年の春もいってしまった、と一瞬寂しくなるほどで、このときになぐさめてくれるのが野ばらです。垣根の灌木が乱れるほどに繁茂するなかで、桜や桃の花びらの色をした野ばらが咲く光景は、目を、心をとらえずにはいません。初夏の野ばらは野に咲く花の可憐な美しさを教えてくれました。

そして最後にあげたいのが七、八月に咲くヘザーです。日本ではヒースという名で親しまれているこの荒野の低い灌木には白い花も咲きますけれど、ヘザーらしい色はやはり赤紫色。

イングランド中どこでも見かけますけれど、スコットランドやイングランド北部など、荒地が広がってほかにには何もない所が似合います。ほぼ一年中死んだような灰色をしているのに、夏の短い間、一年でたった一度だけ生き返る野山の花。花の咲く少し前に緑の葉をつけて、灰色のこわばった枝ぶりに慣れた目を驚かせ、死から突然よみがえって咲くだけ咲くと、またまっすぐ死の世界に戻ってゆくかのような荒れ野の花。その唐突なあらわれ方にも、はげしい燃焼を思わせる咲き方にも、生と死の対照のはげしさがこもっているようで、何か心惹かれるものがあります。

あちこちでヘザーを見ていながら、特に湖水地方では山を歩きながらよく見かけていたのに特別注意しなかったのは、ヘザーの咲く範囲が小規模だったからだと近頃になってようやくわかりました（英語ではヘザーは植物、ヒースはヘザーが咲く原野だというので、イギリス人にならってこうしてヘザー、ヘザーとくりかえしていると、ざらざらした語感が耳障りになってきて、日本語がヒースという澄んだ音をこの植物にあてているのがわかるような気がします）。一九九二年、夏休みにオークニー島に行くのにスコットランドのハイランド地方を抜けた時でした。頭上には青空、目の前にのびる暗灰色の道路、そして前後左右はヒースに覆われた山という単純な構成の景色のなかを通ったのですが、山は赤紫一色、しかも一山だけでなく、次に視界にはいってくる山も、そのまた次も一面ヒースに覆われて壮観でした。空も一瞬ヒースの色に染まったかのように見えて、ヒースってこんなにも美しい、と感動して、私はヒース絶賛者になってしまったのです。

年によって、あるいは土地によっては八月も終わらないうちにもう枯れてしまったり、あるいは九月はじめまで咲きつづけたりするこのヒースが終わると、地面には枯れ葉が目につくようになり、光線が透明になってきて秋になったことを実感します。このころまでには夏を騒然とさせた人々の動きがめだって減って、冬の到来の可能性が意識の下のほうに侵入し、限りある明るい時間を精一杯味わおうという気持ちになります。透明な光などという風に感じるのはそのせいかもしれません。もっとも、日本とイギリスではこれほど緯度が違うのに、秋の光は日本でもイギリスでも透明に感じられて、ちょっと不思議です。

でも決定的な違いは影の長さ。真上からカンカンと照る夏の日射しがあらゆるものを単調に見せてしまうのにくらべて、斜め上から射す秋の日射しで、同じ風景は色合いも印象も深まるような気がします。カンブリア暮らしがはじまった頃、透明な日射しのなかで野山に落ちる木々の影の長さを見て、遠い異国にいるのだと感じました。とんでもなく遠い所へ来てしまった、なにかとても違う所に来てしまった、という感じでした。ではそのとき、意識の底にあるはずの、元来の所とはどこなのか、と自問してみると、それはどうやら東京とか日本とか、具体的な場所ではないようなのです。頭のなかだけの、実在しないところ、ふるさとという概念のようなものだったかもしれません。それでもそういうものへの郷愁という感じはなく、ただ遠い異国にいるという感じ。けれどもまさしくそれが郷愁というものなのかもしれません。

　ブリテン島の南北を問わず、たいていの所で見られる秋の風物で、大好きなものが一つあります。刈って乾した牧草を筒形や立方体にかためてまとめ、作業をしたその場にそのまま何日かおいてある光景です。庭でも野でも草を刈ったあとには独特の甘い匂いが一帯に漂って、田舎住まいのしあわせを感じるときですけれど、この光景はこの匂いも、黄金色という実りの色もふくんでいます。巨大なさいころや炭俵の形をした乾し草が、なだらかな丘に点々としている風景は、丘の起伏をごく自然に映して大きく、収穫に働いた人たちの姿を間近に思わせて人間的で、この風景を見るといつも私は、天と地を背景にした大彫刻作品を見ているような気がします。それは人を畏れさせる大自然ではなく、自然の恵みへの感謝もこめて、人間の営為の最良の部分を言葉少なに、自然に、けれど雄弁に語ったもののように見えてきます。そしてそれを見ているとゆったりした、平和な気分になって、人間の一員であることのよろこびのような気持ちさえしてくるのです。

あとがき

いくつかのことが重なって、この本ができました。

マーク・ジルアード『英国のカントリー・ハウス』の翻訳を通してカントリー・ハウスというものに興味をもったこと、そして何かのめぐりあわせでカントリー・ハウスの敷地に住むようになったこと、その結果、メイ・モアという人と出会ったことなどが根底にあります。

八十歳代後半のメイとのつきあいが始まり、思い出話を聞くようになりました。メイの人間性と話術に魅惑され、その話を書きとめるようになって間もなく、彼女の大家さんが交通事故で亡くなり、メイはそれまで見たこともないほど、沈んでしまいました。そんな彼女を慰めたい気持ちから、「いつかあなたの話を何かに書くわよ。だから元気をだして、長生きしてね」と言ったことがあります。

メイの話を紹介するために、背景となるカントリー・ハウス、その一例としてのアイスル・ホールを説明し、アイスルの背景にあるカンブリアの自然、人々の過去と現在を加えているうちに、はからずもイギリス暮らしの体験と観察記になりました。

イギリスの田舎で、しかもカントリー・ハウスという特殊な環境のなかで暮らすようになって、読んだことが肉付けされました。人間関係や力関係を、生きた現実のなかで体験することで、それまでの狭く、浅いイギリス観は大きく修正を迫られました。こういうことがどこまで、どういう風にこれを読んでくださる方々に伝わるかはまったく予想できませんけれど、どうやら独り立ちするところまで辿り着いたようです。

初めて原稿を見てくださった時から心強い関心を寄せ、手取り、足を取って一冊にまとめるところまで推し進めてくださった須藤孝光氏に深甚の感謝を捧げます。

小さな写真をちりばめたい、という出版の実務に無知な筆者の思いに近づけようとして苦心なさった須藤さんのほかに、校正の早川こうさん、装丁の安井みさきさんにもお世話になりました。写真の大部分はエドワード・ヒューズが撮ったものですけれど、マサイアス・リードの描くアイスル・ホールの絵の写真は館主、メアリ・バーケット氏から、そしてブラントウッド周辺の湖水地方の写真はジョン・ラスキン記念館ブラントウッド館長であり、ラスキン・ファウンデーション会長でもある、ハワード・ハル氏から提供をうけました。親愛なるお二方、いままで辛抱強く待ってくれたメイも、心からありがとう。

二〇〇二年初春

英国カンブリア州アイスルにて

静子・ヒューズ

◆**著者略歴**

慶応義塾大学卒、英国ランカスター大学MA。1984年以来英国に在住し、翻訳と執筆で活動をつづける。

訳書／マーク・ジルアード『英国のカントリー・ハウス——貴族の生活と建築の歴史』（全2冊、住まいの図書館出版局）、リンダル・ゴードン『ヴァージニア・ウルフ——作家の一生』（平凡社）

執筆／エドワード・ヒューズと共同で雑誌『民藝』に日英の工芸家について著述（1997〜2000年）

イギリス湖水地方に暮らして

カントリー・ハウスでの日々

2002年2月15日　初版第1刷発行

著　者——静子・ヒューズ

発行者——吉野眞弘

発行所——株式会社メディア総合研究所

東京都千代田区紀尾井町3番30

紀尾井町山本ビル3階

郵便番号　102-0094

電話番号　03-5275-0432［出版事業部］

振替　00100-7-108593

ホームページ　http://www.mediasoken.jp/

印　刷——日本制作センター

製　本——石津製本所

ISBN4-944124-14-7

NDC分類番号914　四六判(19.4cm)　総280頁